Mujeres que dejan huellas...

EMPRENDEDORAS

Mujeres que dejan huellas...

EMPRENDEDORAS

Por: Evylegna Rodríguez

Para: ________________________

De: ________________________

Fecha: ________________________

"Mujer virtuosa, ¿quién la hallará?
porque su estima sobrepasa
largamente a la de las piedras
preciosas".
(Proverbios 31:10)

BARKER & JULES®

BARKER & JULES®

MUJERES QUE DEJAN HUELLAS...EMPRENDEDORAS

Edición: BARKER & JULES™
Diseño de Portada: BARKER & JULES™
Diseño de Interiores: Jessica Vallejo Huerta| BARKER & JULES™

Primera edición - 2022

I.S.B.N. Paperback | 978-1-64789-903-5
I.S.B.N. Hardcover | 978-1-64789-904-2
I.S.B.N. eBook | 978-1-64789-902-8

Derechos de Autor - Número de control Library of Congress: 1-11248175390

BARKER & JULES, LLC
3776 Howard Hughes Pkwy 549, Las Vegas, NV 89169
barkerandjules.com

MUJERES

Que Dejan Huellas

Índice

Dedicatoria

En esta etapa de mi vida, Dios me da la oportunidad diaria de cruzar caminos con gente de todas partes (literalmente) y de ayudar a responder muchas preguntas sobre la vida. Diariamente, hablo con muchos padres de familia, especialmente madres, que se preguntan constantemente cuál es el aporte que podemos hacer a la vida de nuestros hijos e hijas. Yo misma me preguntaba todo el tiempo, ¿cuál es el mejor legado que puedo darles o la mejor lección que puedo enseñarles a mis hijas mientras están creciendo a mi lado?

Al ver crecer a mis tres hijas Yaneishka, Daniestheliz y Anyetteli he podido llegar a algunas conclusiones que me han ayudado a guiar mis esfuerzos y a fortalecer mi relación diaria con ellas. Estas Guías de Mujeres que Dejan Huellas están dedicadas a mis tres princesas para que el día que yo no esté a su lado tengan la respuesta a muchas de sus interrogantes como mujeres, utilizando como base la Palabra de Dios.

Les comparto lo que significa para mí dedicarles esta serie de libros a mis tres hijas y que puede ayudarle a usted también.

1. Un legado de amor incondicional

Primero, me he establecido la meta clara de que mis hijas sepan y entiendan que mi amor de madre por ellas es real e incondicional. Esto significa que ellas no deben hacer nada para ganar o merecer mi amor, y que mi amor no cambia cuando mis hijas decidan vivir una vida alejada de nuestros valores familiares. Esto es algo que no es fácil de balancear, ya que nuestro rol demanda justicia y disciplina como un aspecto clave de nuestro deber como madres responsables, y como una muestra del amor que sentimos por nuestros hijos.

Yaneishka, Daniestheliz y Anyetteli las amo entrañablemente sin importar lo que pase entre nosotras, pero también saben que en nuestra familia hay normas y valores que deben respetarse, y que el no cumplir con estas normas, traerá consecuencias. Amar incondicionalmente, no solo es demostrar afecto en palabra y acción, es también solicitar que rindan cuentas y cumplan con sus responsabilidades.

Vivimos en una época de "diversidad y tolerancia", en la que se nos vende la idea de que debemos "vivir y dejar vivir". Sin embargo, el amor incondicional se manifiesta por medio de una relación honesta, en la que nuestros seres amados tienen claro cuáles son nuestros valores y qué está permitido en el hogar. Al mismo tiempo, hay aceptación y respeto mutuo por las decisiones que nuestros hijos toman conforme ganan independencia, así como demostración de afecto y apoyo con límites bien establecidos en el hogar. Lograr la meta del amor incondicional me permitirá establecer el fundamento para un legado perdurable y sólido, y para una relación balanceada con ustedes, que algún día serán adultas. Cuando ese momento llegue, yo seré una más de las voces que ustedes escucharán, y la autoridad que tengo ahora, se convertirá en influencia. Esta influencia las acompañará por medio de mi legado en sus mentes y sus corazones.

2. Un legado de responsabilidad e independencia

Segundo, en la construcción de ese legado, me he propuesto heredarles a ustedes la capacidad de desarrollar responsabilidad e independencia. Quiero enseñarlas a vivir de forma exitosa y útil, a amar y servir a otros, a tomar decisiones, asumir las consecuencias, a saber que pueden contar conmigo y que, al mismo tiempo, no me necesitan. Quiero guiarlas para que sean mujeres que amen a Dios y a su familia, que en el futuro pongan a sus esposos e hijos delante de mí, que sean capaces de reconocer sus errores y pedir perdón, ofrecer disculpas, restaurar relaciones y seguir adelante.

Aquí y ahora, hago mi mayor esfuerzo para demostrarles con mi ejemplo, cómo tratar a sus esposos y honrar a sus familias en el futuro. Hago mi trabajo delante de ustedes con responsabilidad y empeño, vivo mi fe de manera práctica y aplicable al día a día, tengo conversaciones con ustedes, pasamos tiempo juntas aprendiendo de la Palabra de Dios, jugando, limpiando, haciendo tareas, practicando deporte, sirviendo a otros, leyendo, viendo televisión, aprendiendo, soñando, cantando y viviendo.

Jamás me atrevería a decir que lo logro todo el tiempo, o que soy el mejor ejemplo. A veces me cuesta ser la madre de Proverbios 31. A veces me enojo, me estreso y grito, digo lo que no es correcto, hago lo que no está bien. Cuando eso sucede, trato de reparar el daño y ofrecerles disculpas a ustedes, y a otros delante de ustedes. Les explico mis malas acciones, aclaro dónde estuvo el error y cómo pude haberlo hecho mejor. Soy honesta delante de ustedes, ustedes saben que no soy perfecta, pero tienen claro que las amo con todo, y que cada acción tiene el propósito de dar una lección.

Verlas crecer ha sido un gran regalo y es una gran aventura. Ayudarlas a ser independientes y a asumir la responsabilidad de sus acciones, así como asumir compromisos y encontrar su llamado en la vida, es muy emocionante. Al mismo tiempo, es un esfuerzo que ha requerido paciencia y fortaleza.

Amor incondicional, responsabilidad e independencia, son una inversión en la vida de nuestros hijos que requiere tiempo, talento y tesoro. Sin embargo, no puedo pensar en una inversión más perdurable y que dé mejor retorno para mí y para la humanidad. Mejores mujeres, hacen mejores familias. Mejores familias hacen mejores comunidades, ciudades, países, una mejor sociedad para todos.

Mensaje Especial

Querido; esposo Julio:

Pido fervientemente a Dios en mis oraciones, para que cada día lo ames a Él miles de veces más que a mí, porque antes que mi esposo, eres hijo de Dios. Te conozco a la perfección; eres fuerte, capaz, inteligente, lleno de dones y talentos. Cuéntalos y entusiásmate con ellos. Reconócete. Encuéntrate. Acéptate. Anímate. Puedes cambiar tu vida para bien, si te lo propones y te llenas de entusiasmo. Estás dotado de grandes talentos. Eres único. Nadie es igual a ti. Solo en ti está aceptar el camino de la felicidad y enfrentarlo para seguir siempre adelante hasta el fin.

En ti está el poder de no atarte a las cosas. Las cosas no hacen la felicidad. Dios te hizo perfecto para que aprovecharás tu capacidad y no para que te destruyas con cosas superficiales. Dios te dio el poder de pensar, de amar, de determinar, de reír, de imaginar, de crear, de planear, de hablar, de orar... Te dio el dominio de elegir tu propio destino usando tu voluntad. ¿Qué has hecho de estas tremendas fuerzas que te ha dado? No importa. De hoy en adelante, olvida tu pasado, utilizando sabiamente ese poder de elección.

Y aprende a sentir la presencia de Dios en cada acto de tu vida. Crece cada día un poco más en el optimismo de la esperanza. Dios está siempre a tu lado. Llámalo, búscalo, acuérdate de Él. Vive en ti desde siempre y siempre te está esperando para amarte. Si has de ir hacia Él algún día...que sea hoy, en este momento. Cada instante que vivas sin Él, es un instante infinito que pierdes de paz.

Trata de volverte niño, simple, inocente, generoso, dador, con capacidad de asombro y capacidad para conmoverte ante la maravilla de sentirte humano. No te olvides que eres un milagro, emplea tus dones y cambia tu medio ambiente, contagiando esperanza y optimismo sin temor, porque Dios está a tu lado.

Te ama tu esposa
Evylegna Rodríguez

Agradecimiento

¿Cómo agradecer cuando son tantas las personas que han contribuido a que este hermoso proyecto pudiera ser realidad? Este proyecto es otra muestra de que cualquier emprendimiento por grande y difícil que parezca, si lo pones en las manos de Dios, si trabajas en él y perseveras en tu visión, puede ser posible.

Con gran aprecio y gratitud, el contenido de estas páginas se dedica en honor de nuestro Señor Jesucristo, por quien, de quien, y a quien son todas las cosas. Por su infinita gracia soy lo que soy. Por la inmensa sabiduría de su Palabra se escribieron los capítulos de este libro.

Gracias a toda mi familia de cada uno de ustedes he tenido algo que aprender en este maravilloso caminar llamado vida y lo que he aprendido de ustedes ya forma parte de mí y de una u otra forma estará plasmado en mis escritos.

Gracias a mi papá Ángel Rodríguez comenzar un libro de emprendimiento sin agradecer a mi papá no sería posible, ya que ha sido definitivamente la inspiración para comenzar cada uno de mis emprendimientos. Mi padre ha desarrollado muchísimos emprendimientos desde que tengo uso de razón. Me enseñó desde muy joven que todo es posible, solo se necesita confiar en Dios, trabajar duro y creer en uno mismo. Cuando las cosas se ponen difíciles, me enseñó a dividir el problema en trozos pequeños y seguir adelante, tomando cada trozo uno a la vez hasta que se resuelva el problema. Como resultado aprendí que ningún problema es insuperable y ningún objetivo está fuera de mí alcance. Esta creencia me ha empoderado a lo largo de mi vida, algo que me alimenta más que nunca como emprendedora.

Gracias a mi mamá Esther Flores no hay palabras para agradecer tanto. Gracias por darme todo a cambio de nada. Porque siempre estás para acompañarme y ayudarme. En las buenas, y en las más feas. Siempre brindando una palabra de aliento o consejo. Poniendo a disposición un hombro o una oreja. Te agradezco tu entrega y dedicación. Tanto esfuerzo y sacrificio diario. Dejar de lado cualquier cosa que debas hacer o necesitas para tu bienestar, por nosotros.

Gracias a mis hermanos Ángel Rodríguez y Josué Rolón el mayor regalo que me dieron mis padres fueron ustedes, siempre estaré agradecida por eso. Les agradezco por ser mis guardaespaldas y siempre estar para mí en los buenos y lo más importante en los malos momentos.

Gracias a mi abuela Evelyn Morales por impulsarme durante muchos años a escribir un libro y aunque yo le decía que era algo que no estaba en mis planes, siempre insistió y nunca se dio por vencida. ¡Se cumplió su anhelo en el tiempo perfecto de Dios!

Gracias a Teresa Alonso me gustaría agradecerte por hacer feliz a mi papá, si él es feliz yo soy feliz. Por cuidar de mis hijas pequeñas aun cuando estabas cansada luego de trabajar más de 8 horas para que yo fuera a la universidad. Gracias por ser la madre de la mejor tía Maritere Colón para mis hijas y del tío súper complaciente Alberto Colón. No son mi familia compuesta, son mi familia.

Gracias a mis Pastores: Daniel y Paula West porque han estado conmigo y con mi familia en momentos buenos y malos, me han escuchado, enseñado y con paciencia me han amonestado en algunos de mis berrinches. Sin ser su hija me han amado como tal, gracias por todo lo que han orado por mí para que Dios siga trabajando en mi corazón, me transforme y me haga útil en Su Reino.

Gracias al Pastor: Zavier Báez quien tuvo la ardua tarea de traer a esta oveja salvaje al redil de nuestro Salvador con mucha paciencia, quien me discípulo junto a excelentes maestros de la Iglesia Bautista Vegas-Farallón, quien me llevó a las aguas dándome la oportunidad de enterrar a la antigua yo y quien me ha honrado al escribir el Prólogo de este libro con gran sabiduría.

A mi gran amigo y editor de este proyecto Michael Nina, gracias y mil gracias por aportar tus comentarios a mi primer borrador, por realizar correcciones, por darme a diario tus consejos y regaños siempre fundamentados en la Palabra de Dios, por esa motivación y ánimo para explotar al máximo mis dones y talentos; es una gran bendición tenerte en mi vida y en la de mi familia.

A Jacqueline Colón, una madre que me ha regalado la vida y una escudera que por años me ha cubierto a mí y a mi familia en oración. Gracias por ayudarme a seguir la senda del amor y la caridad, para llegar a ser algún día una mejor esposa, hija, madre, hermana, amiga y una mejor sierva de Dios.

Gracias a mi comadre Madeline González, la hermana que me regalo la vida. Los años siguen pasando y nosotras seguimos juntas, hemos pasado tantas cosas, tenemos tantos recuerdos, que ya puedo ver nuestra vejez, meciéndonos en las sillas mientras contamos nuestras anécdotas a las generaciones que tenemos sentados en el suelo riéndose de nuestra divertida juventud, también puedo ver cada una de las noches que pasamos en vela llorando. Siempre que doy un vistazo a mi pasado, ahí estás dentro de mi vida, en las buenas, en las malas y en las peores. Eres la guerrera que siempre está ahí para mí, y de sobra sabes que yo siempre estaré ahí para ti.

A Julio José Del Rosario, gracias por tu apoyo incondicional plasmando mis ideas en arte a través de tu profesionalismo. Gracias por trabajar arduamente para hacer posible cada proyecto de **ER By Evylegna Rodríguez.**

Prólogo

¿Qué decir? Fue lo primero que pensé, cuando recibí la invitación de la autora para emprender unas breves palabras en la antesala de este fascinante libro. Ser invitado a ser parte de un proyecto, es todo un gran privilegio. Al mismo tiempo, el privilegio se convierte en una gran responsabilidad. Pero toda responsabilidad nos brinda la oportunidad de ser una bendición. Por eso ser parte de un escrito tan enriquecedor como el que estás próximamente a comenzar a leer me brinda una enorme satisfacción.

Conocí a Evylegna mientras me encontraba ejerciendo como pastor en la Iglesia Bautista Unida Vegas-Farallón en Cayey, Puerto Rico. En ese momento ella era una joven madre dirigiendo una distinguida academia con una gran necesidad de emprender una vida cerca de Dios. Si algo describe a mí entender a Evylegna es su determinación. No he conocido hasta el día de hoy, una persona que sea más emprendedora que ella. Recuerdo que apenas llegando a la iglesia me abordo con ideas innovadoras. Evy como cariñosamente le dicen sus seres queridos se convirtió en poco tiempo en una de las líderes más destacadas en nuestra congregación pero también en medio de nuestra comunidad. Su deseo de servir, ayudar y aportar en el crecimiento de los demás la distinguía en todo lo que emprendía.

Es por eso que este libro es un relato desde la vivencia y experiencia de una mujer que durante gran parte de su vida se ha dedicado con pasión, humildad y esfuerzo a dejar un legado que aporte al bienestar de todos los que necesiten alcanzar sus sueños y enfocar sus vidas en la meta.

Este libro no es uno más, sino que su contenido es único porque todo lo que comparte la autora está elaborado para que cada persona pueda leerlo desde su realidad y necesidad. Por eso es único y puedo decir que inigualable. En un mundo donde los retos son cada vez más y los desafíos abrumadores este libro es un refrigerio, un oasis de ánimo, lleno de esperanza y fe.

Es muy relevante mencionar que la autora tuvo la entereza de utilizar un vocabulario que tuviera un lenguaje sencillo para el beneficio de todo lector. Digo lector, porque, aunque está dirigido a mujeres su contenido es prácticamente material que todo hombre puede emplear para ser también un emprendedor brillante y claro está, exitoso. Les garantizo que la comprensión y el entendimiento durante toda la lectura les facilitará leer con placidez. Es por eso que te invito a buscar un lugar cómodo y designar un tiempo definido para que puedas disfrutar este suculento manjar. No hay duda de que Evylegna, como emprendedora ha dejado huellas en mi vida y en la vida de todos los que han tenido la dicha de estar junto a ella. Sé que ella también dejará huellas en ti. Cada palabra expuesta en este libro te brindará un enfoque claro y preciso hacia todo lo que te ayudará a desarrollar la emprendedora que hay en ti.

Este libro debe ser leído por cada ser humano, porque le otorgará la mejor manera de convertirse en un emprendedor exitoso. Estoy seguro de que todos lo lograrán porque este libro les permitirá conocer de una manera muy precisa, todos los elementos que se deben considerar para alcanzarlo. ¡Todos nos encontramos emprendiendo algo! Pero si deseas emprenderlo de manera exitosa este libro te proporcionará todo para conseguirlo.

Mientras lees, le pido a Dios te ilumine y brinde la sabiduría que puedas necesitar para alcanzar la plenitud de ser una emprendedora exitosa que deja huellas en todo su caminar. Te exhorto a que al igual que la autora busques dejar un legado que sea significativo y útil a todos los que te conocen y a los que no. Porque aún en tu ausencia tus obras serán de inspiración y ejemplo, porque ante las inseguridades de otros y la incertidumbre de la vida, viviste en todo momento para lograr que tu esencia se distinguiera por ser una emprendedora exitosa que deja huellas.

¡Dios te prospere y bendiga en todo lo que te propongas a emprender!

Pastor Zavier Báez.
Iglesias Bautistas de Puerto Rico

Prefacio

Mujeres que dejan huellas

¿Alguna vez te has preguntado "Quién es esa perfecta mujer sin nombre de la cual Salomón escribe en Proverbios 31? Déjame explicarme. Había una vez un príncipe que sería rey un día. Mientras aún era joven, su madre le instruyó sabiamente sobre cómo encontrar a una mujer virtuosa. Recorrió cada letra del alfabeto dándole los atributos que él debería buscar en su futura esposa. Al utilizar el alfabeto, era más fácil para su hijo recordar e incluso quizás memorizar lo que buscaba en su mujer soñada. Además, nos dejó Proverbios 31 (¡y eso no es un cuento de hadas!).

Proverbios 31:1 dice "Palabras del rey Lemuel; la profecía con que le enseñó su madre". Los versículos 2-9 son instrucciones sobre cómo ser un rey piadoso. Le enseña a estar en guardia contra la promiscuidad y la bebida, y le anima a ayudar al pobre. Después, en los versículos 10-31, le enseña cómo encontrar una mujer piadosa. ¿Hubiera dado la madre del rey Lemuel instrucciones detalladas a su hijo sobre qué buscar en una esposa si no hubiera ninguna mujer que pudiera llenar estos requisitos? En el versículo 10 veremos que ella es un raro tesoro, pero existe. ¿Te da esto esperanza o te sobrepasa la idea de intentar acercarte a tanta excelencia?

Proverbios 31 encendió algo en mi interior y me dio el deseo de comenzar una serie de seis guías dirigidas a las mujeres sobre los siguientes aspectos: esposa, madre, emprendedora, vida espiritual, hogar, cuidado personal y mental. Estas 6 guías son las siguientes:

Mujeres que dejan huellas...EMPRENDEDORAS

Mujeres que dejan huellas... MADRES

Mujeres que dejan huellas... ESPOSAS

Mujeres que dejan huellas...MANEJANDO EL HOGAR

Mujeres que dejan huellas...VIDA ESPIRITUAL

Mujeres que dejan huellas... CUIDADO PERSONAL Y MENTAL

Introducción

Las mujeres tenemos características extraordinarias. Tenemos más resistencia del dolor, tenemos fuerzas extras, ya que luego de trabajar fuera de casa, cumplimos con las tareas del hogar, hacemos negocios e iniciamos empresas. La Biblia nos relata muchos casos de mujeres que decidieron no conformarse con su situación y se lanzaron a la aventura de emprender nuevas cosas. Como el caso de Noemí, que dejo su familia y su nación para acompañar a su suegra Ruth, o el caso de Lidia que trabajaba para sostener la obra de los apóstoles. Pero el caso de la mujer de Proverbios 31 es el que más me desafía, porque de esta misteriosa mujer se dice que es una mujer virtuosa, llena de fuerza y de valor.

Para ser una mujer **EMPRENDEDORA** tú necesitas estas dos características: fuerza y valor. Proverbios 31:17 dice que esta mujer "Ciñe de fuerza sus lomos y esfuerza sus brazos". Tú tienes aquí la receta completa para ser **EMPRENDEDORA** y tener éxito. Para ser una mujer emprendedora y que siempre pone en marcha nuevas tareas, primero tienes que armarte de valor, que no te sorprenda el temor de que vas a fracasar, ni la opinión contraria de otros que te dicen "no vas a poder tener éxito". Seguramente estos pensamientos van a venir a tu mente, pero necesitas ceñirte de fuerza el lomo; eso es como amarrarte bien los pantalones y las faldas para seguir hacia delante. Si vas a dejar que cualquier pensamiento de desánimo te quebrante y que la opinión de otros te influya, no vas a tener éxito en lo que emprendas. Solo la fe, de que Dios va delante de ti, puede hacerte vencer en las dificultades. El temor está en relación proporcional a la fe. Cuando tú sabes que Dios está contigo, cuando tú sabes con certeza que Dios te habló, ya no hay temor que te detenga. Si Dios te habló, Dios guiará tus pasos y defenderá tus intereses.

El valor para alcanzar tu sueño, es tan importante como el esfuerzo que pongas en alcanzarlo. La fuerza es la clave para que puedas persistir en lograr lo que te propones. Un modo de aumentar tus fuerzas es trabajando duro. La mujer que no trabaja, que no hace cosas extras en su vida; se acomoda y se conforma. Cuando sientes que tienes mucho trabajo es cuando debes redoblar tus fuerzas y ponerte en alerta. La mejor forma de aumentar tus fuerzas es yendo a la Palabra de Dios, la misma lectura de la Palabra te guiará a toda verdad y te refrescará. También te hará comprender que no vas con tus propias fuerzas, sino con el respaldo del poder sobrenatural de Dios. Atrévete a emprender con la certeza de que te va a ir bien, y que para ello debes permanecer continuamente en la Palabra de Dios y entonces el éxito te es seguro.

Ser esposa, madre, hija, tía, hermana, emprendedora y otros muchísimos roles más no es nada sencillo, así que necesitamos ayuda para que nuestro espíritu se fortalezca y podamos seguir adelante.

Mi fuente de fortaleza es Dios, por medio de su Palabra me mantengo de pie, aunque las cosas no salgan como espero. Como mujer emprendedora necesitas ayuda, porque habrá momentos en los que no verás luz al final del túnel y necesitarás algo de donde sostenerte. ¿Y qué mejor que las promesas que Dios nos da en la Biblia? La mejor parte de confiar en Dios, es que Dios siempre cumple sus promesas. Quiero compartir contigo algunos versículos bíblicos que a mí me han ayudado y estoy segura de que a ti pueden ayudarte también en este viaje. Pido a Dios que a través del Espíritu Santo me dé sabiduría para guiarte de forma apropiada a través de su Palabra.

Versículos Bíblicos que la mujer emprendedora necesita:

1. Las bendiciones que vienen de Dios

Si estás pidiendo al Señor que te bendiga de alguna manera en particular, este versículo puede ayudarte a discernir cuando la recibas si viene de Dios o no.

«La bendición del Señor es la que enriquece, y Él no añade tristeza con ella.» Proverbios 10:22 (LBLA)

Si piensas que has sido bendecida con algún bien material, algo relacionado con tu negocio, tu salud o cualquier área de tu vida, asegúrate que no está trayendo tristeza a tu vida, porque las bendiciones que vienen del Señor enriquecen, dan alegría a tu vida, no preocupación ni tristeza.

2. Cuál es tu prioridad

Necesites conocer cuál es tu prioridad, para que el orden de tu día sea más productivo.

«Pero Marta se preocupaba con todos los preparativos; y acercándose a Él, le dijo: Señor, ¿no te importa que mi hermana me deje servir sola? Dile, pues, que me ayude. Respondiendo el Señor, le dijo: Marta, Marta, tú estás preocupada y molesta por tantas cosas; pero una sola cosa es necesaria, y María ha escogido la parte buena, la cual no le será quitada.» Lucas 10:40-42 (LBLA)

Sé que nuestros días son largos y con muchas cosas en nuestras agendas, pero elige las más importantes, pasa tiempo alimentando tu espíritu, acércate a Dios y Él se acercará a ti. Búscalo antes de comenzar tu día, las cosas terrenales son temporales, pero las espirituales son eternas.

3. Cómo hacer tu trabajo

No siempre nuestro trabajo es placentero, hay algunas cosas que no quisiéramos hacer por lo demandante o complicada que pueden ser, si en ese momento piensa en este versículo, es posible que la carga sea más ligera.

«Y todo lo que hagáis, hacedlo de corazón, como para el Señor y no para los hombres, sabiendo que del Señor recibiréis la recompensa de la herencia. Es a Cristo el Señor a quien servís.» Colosenses 3:23-24 (LBLA)

Además de que tenemos que hacer trabajos que no nos agradan mucho, en ocasiones nos encontramos con la crítica de los demás, que nos desaniman, pero si sabemos que todo lo que hacemos es para el Señor nos vacunamos contra la crítica y no permitimos que nos desanime.

4. Sobre el temor

Si sientes que el temor a lo desconocido te paraliza y no te deja avanzar, este es uno de mis favoritos.

«No temas, porque yo estoy contigo; no te desalientes, porque yo soy tu Dios. Te fortaleceré, ciertamente te ayudaré, sí, te sostendré con la diestra de mi justicia.» Isaías 41:10 (LBLA)

La incertidumbre de un negocio nuevo, de lanzar un nuevo producto o servicio, de abrir una nueva ubicación, pueden generarte un estrés difícil de manejar, pero cuando reconoces quién es tu Dios y que está contigo, que te sostendrá, dime si el temor no va a salir corriendo.

5. Hacer tu parte

Recibir las bendiciones de Dios es un trabajo en equipo, hay una parte que tienes que hacerla, a ti te toca pedir, pero también te toca ponerte en acción.

«¿No te lo he ordenado yo? ¡Sé fuerte y valiente! No temas ni te acobardes, porque el Señor tu Dios estará contigo dondequiera que vayas.» Josué 1:9 (LBLA)

Si algo sabemos las mujeres emprendedoras es que nos toca trabajar duro para que nuestro emprendimiento salga adelante, sabemos que hay un precio que debemos pagar. Debemos ser fuertes y valientes, porque la promesa que tenemos es impresionante, el Señor nuestro Dios estará con nosotras. Es una poderosa promesa de la que podemos agarrarnos cuando las fuerzas nos faltan.

6. Sobre el pasado

El pasado murió, ya no existe, de allí solo aprendemos de los errores y traemos las experiencias que nos salieron bien para repetirlas.

«Hermanos, yo mismo no considero haberlo ya alcanzado; pero una cosa hago: olvidando lo que queda atrás y extendiéndome a lo que está delante, prosigo hacia la meta para obtener el premio del supremo llamamiento de Dios en Cristo Jesús.» Filipenses 3:13-14 (LBLA)

Para poder avanzar, necesitamos dejar esa mochila pesada del pasado y extendernos hacia lo que está delante, mirando al futuro ilusionadas por lo que está por venir.

7. Sobre el futuro

Sabes que digo una y otra vez que toda emprendedora debe planificar, porque es lo que podemos hacer con el futuro porque no existe, pero me gustaría invitarte siempre a dejar espacio para las sorpresas de Dios en esa planificación.

«Porque yo sé los pensamientos que tengo para vosotros» -declara el Señor- «planes de bienestar y no de calamidad, para darnos un futuro y una esperanza.» Jeremías 29:11 (LBLA)

El futuro puede traernos sorpresas, pero debemos dejar todo en las manos de Dios, porque sus planes siempre son mejores que los nuestros, pues Él conoce el final desde el principio.

8. Sobre el presente

El presente es un regalo que Dios nos da todos los días, tiene 24 horas y la forma cómo usemos ese tiempo hará la diferencia. El Señor en su sabiduría, nos da un día a la vez, por qué echarlo a perder.

«Por tanto, no os preocupéis por el día de mañana; porque el día de mañana se cuidará de sí mismo. Bástele a cada día sus propios problemas.» Mateo 6:34 (LBLA)

Mi querida emprendedora, mejor no puede ser dicho, Jesús sabe de nuestro afán por preocuparnos por lo que va a pasar mañana, Él dice vive los problemas solamente de un día. Te invito a que vivas un solo día a la vez.

9. Cuando estás desesperada

Si te sientes desesperada sostente con este versículo, otro de mis favoritos.

«Por nada estéis afanosos; antes bien, en todo, mediante oración y súplica con acción de gracias, sean dadas a conocer vuestras peticiones delante de Dios. Y la paz de Dios, que sobrepasa todo entendimiento, guardará vuestros corazones y vuestras mentes en Cristo Jesús». Filipenses 4:6-7 (LBLA)

Este versículo es tan poderoso para mí, no solo porque puedo dejar mis peticiones y súplicas delante de Dios, sino porque al descansar en Él voy a recibir esa paz que me colma el corazón, aunque no pueda entenderla.

Si no te es suficiente con ese, mira este también:

«Clama a mí, y yo te responderé y te revelaré cosas grandes e inaccesibles, que tú no conoces». Jeremías 33:3(LBLA)

Dios siempre responde, solo no te desesperes, persevera, porque a veces, la respuesta puede ser el silencio, otras veces va a ser no, o quizás ahora no, pero en otras será sí, hágase conforme a lo que quieres, porque en ese momento tus peticiones están alineadas con la voluntad de Dios.

10. Para hackear tus pensamientos

Dijo Mahatma Gandhi:
Tus creencias se convierten en tus pensamientos,
tus pensamientos se convierten en tus palabras,
tus palabras se convierten en tus acciones,
tus acciones se convierten en tus hábitos,
tus hábitos se convierten en tus valores,
tus valores se convierten en tu destino.

Si tomamos esto en cuenta, nuestros pensamientos son demasiado importantes en nuestra vida como para dejarlos que anden sueltos, necesitamos controlarlos, yo lo hago con este versículo:

«Por lo demás, hermanos, todo lo que es verdadero, todo lo honesto, todo lo justo, todo lo puro, todo lo amable, todo lo que es de buen nombre; si hay virtud alguna, si algo digno de alabanza, en esto pensad». Filipenses 4:8 (RVR1960)

Cuando logro pasar mis pensamientos por este filtro, me mantengo en control de ellos, si por ejemplo reflexiono sobre el pasado, este filtro me dice, ya eso no es verdad, el pasado no existe. Si pienso mal de alguien, me dice no es justo lo que estás pensando, y así sucesivamente.

Controlar los miles de pensamientos que pasan diario por tu cerebro es tu responsabilidad. La recompensa será muy gratificante.

11. Sobre escuchar

Estamos en crisis de escuchar, todos quieren ser escuchados y no muchos prestan atención a escuchar. Sin embargo, cuando de forma intencional decides convertirte en una mujer que escucha a los demás, te das cuenta de los conflictos que evitas.

«Por esto, mis amados hermanos, todo hombre sea pronto para oír, tardo para hablar, tardo para airarse». Santiago 1:19 (RVR1960)

Por algo el Señor nos dio dos oídos y una boca, quizás quiere que escuchemos más y hablemos menos.

Hay otro versículo que me encanta para hablar menos.

«Hasta los necios pasan por sabios si permanecen callados; parecen inteligentes cuando mantienen la boca cerrada.» Proverbios 17:28 (NTV)

12. Agradecimiento

Agradecer no debe faltarle a una mujer emprendedora, el agradecimiento es el antídoto de la queja, que para mí es el peor cáncer que existe.

«Dad gracias en todo, porque esta es la voluntad de Dios para vosotros en Cristo Jesús». 1 Tesalonicenses 5:18

Dar gracias a Dios cuando las cosas salen como lo planificamos es muy sencillo, pero agradecer cuando no van bien, no es fácil. Debemos agradecer en todo tiempo por todo, solo Dios en su infinita soberanía sabe por qué suceden las cosas. Aunque estemos pasando por un mal momento, te aseguro que, si te detienes a mirar cada área de tu vida, tendrás miles de cosas por las cuales estar agradecida.

Como has visto hay muchos versículos bíblicos que puedes usar a tu favor para mantenerte de pie, para tener esperanza y para enfrentar todo lo que te traiga cada día.

Dedica tiempo para estar en la Palabra de Dios y encuentra esos textos que te llenarán de fortaleza y esperanza para seguir este viaje como emprendedora.

Pido a Dios que bendiga tu vida, la de tu familia y a tu emprendimiento, hoy y siempre, en el nombre de Jesús. Amén.

"... Esfuérzate y sé muy valiente [...] no te apartes de mi ley (mi Palabra), para que seas prosperado en todas las cosas que emprendas." Josué 1:7

Con amor,

ER ByEvylegna Rodríguez

1

Adentrándonos al mundo del Emprendimiento

1
Adentrándonos al mundo del Emprendimiento

El primer capítulo de este libro ofrece una visión del emprendimiento y cómo usted como mujer emprendedora puede potencialmente formar parte de ese mundo. Podrá darse cuenta inmediatamente que convertirse en mujer emprendedora consiste en tomar decisiones. Haciendo una reflexión personal en el ámbito de los emprendimientos, ¿ha considerado las realidades y responsabilidades prácticas de tener su propio emprendimiento? El emprendimiento está abierto a todos los individuos sin que existan preferencias en razón de la clase, sexo, raza, credo o nacionalidad hombres y mujeres con diferentes experiencias, de todas las edades y de todos los países han creado ¡Innovadores y exitosos proyectos de emprendimiento! ¿Dónde puede usted ubicarse en este contexto? No existen barreras solo se requiere de una reflexión y planeamiento cuidadosos, sin importar quién sea uno o qué desee emprender. ¿Cómo decidir si el emprendimiento es lo mejor para usted? Probablemente, usted ya haya empezado a explorar y aprender más acerca de los aspectos personales, económicos y legales comprendidos en el comienzo de un nuevo emprendimiento. Además de esa investigación, debe revisar cuidadosamente los pro y los contras de hacer carrera como una empleada en una compañía, comparado con una nueva experiencia como propietaria o administradora de un nuevo, pequeño y quizás difícil emprendimiento. En el mercado laboral hoy en día, ¿se podría acaso decir que existe algo que se pueda llamar una carrera estable?

El sector empresarial de los Estados Unidos muestra algunas características muy positivas:

- La mentalidad en los Estados Unidos es buscar oportunidades y asumir riesgos.

- Las edades en que la actividad empresarial en los Estados Unidos es más activa son entre los 25 y 34 años de edad, con un espectro étnico muy variado. La diversidad en los Estados Unidos contribuye en forma positiva e importante a la continuación y expansión de la tradición empresarial en este país.

- Una de cada nueve personas (cerca del 11% de la población de los Estados Unidos) que participa en el mundo empresarial está actualmente involucrada en el inicio de una empresa o lo ha estado en los últimos 47 meses.

La *Small Business Administration* o SBA (siglas en inglés de "Administración de la Pequeña Empresa) de los Estados Unidos mira a la "pequeña empresa como el motor del crecimiento de la economía". Considere estas recientes estadísticas.

- Existen aproximadamente 25 millones de pequeñas empresas en el país. Más de 10.5 millones de americanos trabajan como independientes.

- Las pequeñas empresas dan empleo actualmente a más de la mitad de la fuerza laboral del país y representan más del cincuenta por ciento de la producción económica del sector privado

- Las pequeñas empresas contribuyen con el 75 por ciento de los nuevos empleos agregados a la economía. Los pequeños emprendimientos no tienen garantías de sobrevivir. Este libro ha sido diseñado para ayudarle a realizar la "tarea" que es esencial para ¡aumentar las probabilidades de que su emprendimiento sobreviva y prospere!

De manera que este primer capítulo **de Mujeres que Dejan Huellas...EMPRENDEDORAS** la orientará en las preguntas que debe hacerse y en las muchas formas de determinar si el mundo del emprendimiento es lo correcto para usted. Se le apoyará para sopesar sus motivaciones, talentos y habilidades. En este primer capítulo, trataremos sobre los siguientes temas:

I. ¿Qué es el emprendimiento?

II. ¿Reúno las condiciones necesarias para ser una emprendedora?

III. ¿Cómo puedo empezar?

I. ¿Qué es el emprendimiento?

El emprendimiento consiste en el proceso de organizar, gestionar, asumir los riesgos y beneficios de un negocio o empresa. Muchas mujeres emprendedoras ven en la actividad empresarial la oportunidad de seguir el sueño de trabajar para ellas mismas. Para otras muchas, no todo lo es el dinero, sino que lo que les llama es la pasión y el reto. ¿Tiene usted esa motivación? Considere las siguientes citas acerca del éxito en los negocios. ¿Qué es lo que están tratando de decirnos los siguientes mentores?

"*El único lugar donde el éxito se puede encontrar antes que el trabajo es en el diccionario*". Vidal Sassoon

"*Las únicas cosas que se desarrollan por sí mismas son el desorden, la fricción y el mal rendimiento*". Peter Drucker

"*Yo mismo me promoví. ¡Tuve que buscar mis propias oportunidades! ¡Pero lo logré!* No *espere sentado que se le presenten las oportunidades*". Sarah Breedlove Walker

"*El negocio nunca es tan saludable como cuando, en el caso de las abejas, uno tiene que trabajar mucho para terminar con la colmena*". Henry Ford

"*Deje que todas las cosas tengan su lugar, deje que a cada parte de su negocio le toque su oportunidad*". Benjamin Franklin

El concepto del emprendimiento es "amplio" y comprende muchos conceptos de detalle. Veamos de cerca el concepto del emprendimiento, para tener la seguridad de que entendemos sus alcances. Considere las siguientes características del emprendimiento. Ponga una marca (√) en el recuadro junto a la característica con la que usted esté de acuerdo.

	Es mucha acción, muy a menudo asociada con el inicio de un nuevo negocio u operación
	Implica riesgos calculados
	Incluye mucho planeamiento
	Empieza por poco y luego crece

Pasemos a revisar estas características.

El Emprendimiento:

√ **Es mucha acción.** La palabra clave en esta característica es la "acción", algo que implica movimiento continuo. El poner en marcha un emprendimiento significa administrarlo, por lo menos al comienzo. El concepto de administración significa muchas cosas: hacer que su emprendimiento marche sin tropiezos y eficientemente; encontrar un mercado para su producto; atender las exigencias cambiantes de su producto en el mercado; tener en funcionamiento las operaciones necesarias para permitir que su emprendimiento opere exitosamente, y mantener una fuerza laboral productiva y eficiente.

√ **Implica riesgos calculados.** La palabra clave en esta característica es "calculados". Existe un riesgo implícito en cada emprendimiento. Uno puede estar preparado para minimizar el riesgo lo más posible, pero a veces surgen sorpresas, positivas y negativas. Sin embargo, alguien debe asumir la responsabilidad de tomar decisiones. Esa persona es usted. Mientras más planeamiento haga, podrá minimizar el riesgo y aumentar las probabilidades del éxito.

Uno de los retos al empezar un emprendimiento es la financiación. Se necesita dinero para comenzar y mantener un emprendimiento, se trate de la operación de una persona o una operación más grande. No es fácil hacer un estimado financiero exacto al comienzo. Por eso es importante planear por lo inesperado; considerar los riesgos financieros calculados para la etapa inicial. Esta etapa es incluso más importante si usted tiene familia y dependientes.

Actividad: ¿Cuáles son algunos de los otros riesgos de comenzar su propio emprendimiento? Enumere usted misma algunos de esos otros riesgos implícitos cuando se empieza un emprendimiento y algunas de las maneras de minimizar dichos riesgos. ¿Cuáles de estos riesgos se aplicarían a su situación personal, si fuera a realizar su emprendimiento?

Riesgo potencial	Formas de minimizar el riesgo

√ **Requiere mucho planeamiento.** La palabra clave en esta característica es "planeamiento". El operar un emprendimiento exitoso exige el saber cómo hacer muchas cosas y tener muchas habilidades y talentos. Un buen consejo para cualquier actividad de emprendimiento es "hacer la parte de su tarea que le corresponde" e instruirse usted misma en cada aspecto de las oportunidades comerciales que se quiera desarrollar.

Tener el poder de delinear sus propias prácticas (tales como las horas de trabajo), así como de mantener las ganancias nos gratifica con un maravilloso sentido de la independencia. Si bien la perspectiva de la independencia es emocionante, también plantea responsabilidades y retos. En el largo plazo, si el rendimiento de su emprendimiento resulta pobre, todavía usted es responsable de las deudas del emprendimiento. Es crucial entender y aceptar las responsabilidades financieras, así como las ramificaciones legales de establecer un emprendimiento, antes de tomar una decisión final.

√ **Empiece por lo pequeño y crezca.** La palabra clave de esta característica es "crecer". Toma tiempo el que un emprendimiento crezca. El éxito no sucede de la noche a la mañana. Con mucho esfuerzo este crecimiento será positivo. ¿Qué es lo que usted puede esperar de la experiencia?

Actividad: El comenzar su propio emprendimiento plantea muchos retos, así como tiene el potencial de muchos beneficios. Haga una lista de los retos y beneficios que usted ve por sí misma, si fuera a empezar su propio emprendimiento.

II. ¿Reúno las condiciones necesarias para ser una mujer emprendedora?

Unas de las preguntas más importantes a hacerse sobre la actividad profesional son aquellas que le permiten a usted analizarse a sí misma, es decir, acerca de su personalidad, habilidades y disposición para comprometerse a algo que podría demandar su atención constante por muchos años.

Primero, pregúntese el porqué desea convertirse en una mujer emprendedora. Una respuesta clara y honesta a esta pregunta le ayudará a determinar si usted posee los rasgos de la personalidad, las habilidades y el compromiso para alcanzar sus metas.

Las mujeres emprendedoras citan a menudo razones como las siguientes:

- Tuve una idea innovadora para un nuevo producto o servicio.

- Tuve una idea innovadora para mejorar un producto o servicio existente.

- ¡Vi una gran oportunidad y la aproveché!

Un innovador clásico es Jeff Bezos, fundador de Amazon, la librería en línea. Toda la vida hemos visto vendedores de libros, pero ¿vender libros en línea? Ahora, ¡qué sistema de entregas tan innovador! Amazon.com se ha desarrollado más allá del negocio de libros y ahora vende una gran variedad de productos de consumo.

Uno de los más famosos observadores de oportunidades fue Ray Kroc. En 1954, Ray Kroc se convirtió en el distribuidor exclusivo de una máquina para hacer *milkshakes* de cinco ejes llamada la Multimezcladora. Habiendo oído del puesto de hamburguesas de McDonald en California con ocho multimezcladoras a la vez, él empacó maletas y se fue al oeste. Él pronto empezó un contrato de franquicia con McDonald. Él tenía 52 años de edad.

Las ideas innovadoras y las oportunidades son solo dos razones que llevan a las mujeres al emprendimiento. Existen muchas otras razones. Muchas están decididas a convertirse en su propio jefe. Otras buscan la satisfacción de poner en práctica sus habilidades para mejorar un producto; hacer del mundo un lugar más seguro; mejorar la condición humana; o darles un mejor futuro a sus familias y comunidades. Algunas comienzan un nuevo emprendimiento debido a que no tienen la alternativa de encontrar un empleo, lo que a veces se conoce como “Emprendimiento por necesidad”. Considere los siguientes pensamientos:

- Debbie Fields, fundador de las Galletas Mrs. Fields (“Emprendimiento por oportunidad”)

“Lo importante es no tener miedo de correr un riesgo. Recuerde, el mayor fracaso es no intentar. Una vez que usted encuentre algo que realmente le apasione hacer, dé lo máximo de usted para hacerlo."

• Madam C. J. Walker, creador de los productos de cuidados del cabello para los afroamericanos.

"Tenía que ganarme la vida trabajando como independiente y aprovechar mi oportunidad! ¡Pero lo logré! No espere sentado que se le presenten las oportunidades. ¡Muévase y créase usted mismo las oportunidades!"

Actividad: Haga su propia lista de las razones para convertirse en una mujer emprendedora.

Ahora es el momento para determinar si usted reúne las condiciones necesarias para convertir sus sueños en realidad: los rasgos de la personalidad, el compromiso y habilidades son fundamentales para convertirse en una mujer emprendedora. **Complete las siguientes preguntas (Personalidad: ¿Reúno las condiciones necesarias?, Compromiso: ¿Reúno las condiciones necesarias?, Gestión del Tiempo-Organización: ¿Reúno las condiciones necesarias?)**

¿Cómo se evaluó? ¿Cuáles son sus puntos fuertes? En las áreas en que se encuentra deficiente, ¿tiene un plan o estrategia para trabajar hacia el logro de las habilidades necesarias?

"Cuando se encuentre con un obstáculo, conviértalo en una oportunidad. Depende de usted. Puede superar el obstáculo y ser un ganador, o puede dejar que el obstáculo lo abrume y ser un perdedor. Depende de usted y solo de usted. No abandone. Haga el esfuerzo extra que los fracasados se rehúsan a hacer. Es mucho mejor quedar exhausto para alcanzar el éxito que sentirse descansado, pero con el costo del fracaso". — Mary Kay Ash, fundador de Mary Kay Cosmetics

Actividad: Todas nosotras tenemos puntos fuertes y débiles en nuestra personalidad. Algunas de nosotras estamos más acondicionadas para las demandas de empezar nuestro emprendimiento que otras. Haga una lista de sus puntos fuertes y débiles - ¿Qué rasgos de la personalidad le darían a usted una ventaja en el ámbito de la actividad empresarial? ¿Qué rasgos de la personalidad pueden ir en contra suya?

III. ¿Cómo puedo empezar?

El primer paso debe ser establecer un plan de negocios para su oportunidad de emprendimiento.

Considere áreas tales como las siguientes:

- ¿Tiene una buena idea para su emprendimiento? ¿Qué recursos en abstracto necesitará mover en la realidad en su aplicación concreta?

- ¿Qué rol jugará usted en el emprendimiento?

- ¿Qué rol jugarán otros en el emprendimiento de usted? ¿Necesitará usted a otros?

Para muchas, puede ser tan simple como definir sus metas y convertirlas en metas INTELIGENTES. La clave en este ejercicio estratégico es estar segura de sus metas. Es importante que tenga una visión y plan claros de lo que necesita lograr en su emprendimiento. Con solo decir, "yo quiero ser dueña de un exitoso emprendimiento dentro de doce meses", no se tiene un plan con el que se pueda trabajar. Considere los siguientes objetivos y metas específicos en qué centrarse:

- Seré dueña de mi propio emprendimiento de maquillajes en doce meses, con un sueldo personal de $100,000 y un personal compuesto de veinte personas.

- Aumentaré las ventas de mi emprendimiento en 17%, comparado con el año pasado, implementando las ventas de temporada trimestralmente, en los locales regionales y locales.

E = Específica
C = Cuantificable
A = Alcanzable
R = Realista
O = Oportuna

Entonces, ¿qué es una meta INTELIGENTE? Usted podrá encontrar útil hacerse las siguientes preguntas en el proceso de explorar sus ideas de emprendimiento:

1. **Específica** – ¿Qué meta específica trataré de alcanzar en mi emprendimiento?

2. **Cuantificable** – ¿Cómo cuantificaré mi éxito? ¿Cómo sabré si habré alcanzado el éxito en mi meta?

3. **Alcanzable** – ¿Me he fijado una meta alcanzable? ¿Qué compromiso se requerirá para alcanzar dicha meta? ¿Estoy dispuesta a asumir dicho compromiso?

4. **Realista** – ¿Está esta meta dentro o fuera de mi alcance?

5. **Oportunidad** – ¿Es este un buen tiempo en mi carrera y en mi vida para comenzar este emprendimiento? ¿Es este un buen tiempo para entrar en el mercado con mi idea de emprendimiento?

El fijarse metas para su emprendimiento es un proceso necesario y estimulante. Anote sus metas y continúe revisándolas con la frecuencia que sea necesario. El ver sus planes "por escrito" le da un sentido de la realidad a su meta de emprendimiento.

Actividad: Anote las metas de su emprendimiento y aplique el proceso de metas INTELIGENTES a cada una de sus metas.

Luego de este ejercicio, ¿qué encontró? ¿Comprobó algunas de sus metas luego de aplicar a las mismas el proceso de metas INTELIGENTES?

Asegúrese de darse el tiempo necesario para centrarse de lleno en los aspectos de fondo sobre cómo empezar un emprendimiento, así como acerca del aspecto de fondo relacionado específicamente con la industria a la que quiera entrar. Así como su sueño de emprendimiento lo ha tenido por un buen tiempo, el hacer realidad dicho sueño también tomará su tiempo.

Los siguientes puntos son un buen comienzo en lo que concierne al aumento de sus conocimientos acerca del campo a cualquiera desee entrar.

- Considere a los profesionales de sus instituciones financieras que estén disponibles para sentarse con usted, escuchar y brindarle asesoría financiera ajustada a las necesidades de su negocio.

- Considere las agencias gubernamentales, tales como la *Small Business Administration* (SBA), que ofrecen asistencia financiera a individuos para expandir sus negocios. La agencia auspicia seminarios, talleres, publicaciones y boletines, tocando los diferentes aspectos de la operación de una pequeña empresa. Visite www.sba.org para obtener una variedad de servicios, así como la *Small Business*

Development Center o SBDC (siglas en inglés del Centro de Desarrollo de la Pequeña Empresa), en www.sba.org/sbdc.

- Considere las oportunidades que ofrece la Cámara de Comercio local. Estas podrían incluir asesoría, boletines, asistencia en línea, etc.

- Considere la disponibilidad de organizaciones tales como **CENTRO DE INNOVACIÓN MUJER LATINA** cuentan con el **Proyecto: Portafolio Empresarial** dedicado a promover la formación, crecimiento y éxito de las pequeñas empresas dirigidas por mujeres.

- Considere su biblioteca local. Ubique la sección empresarial/ pequeña empresa y aproveche las muchas publicaciones ofrecidas.

Resumen

Este primer capítulo le ha dado una visión de conjunto sobre el emprendimiento y cómo puede usted darse cuenta si este reto es para usted. El emprendimiento está abierto a todos los individuos sin establecer preferencias en razón de la clase, sexo, raza, credo o nacionalidad, y para todos los hombres y mujeres con toda clase de experiencia, de todas las edades y de todos los países. Es un esfuerzo que implica mucho planeamiento, riesgos, retos y beneficios potenciales.

Este capítulo ha explorado la innovación como un componente del emprendimiento y algunos de los empresarios más famosos de la historia. **¿Reúne usted las condiciones necesarias para ser una mujer emprendedora?** Es muy importante hacer un inventario personal de las diferentes habilidades que se requieren para comenzar y operar un emprendimiento. **¿Tiene usted la personalidad, ha asumido el compromiso, sabe de la gestión del tiempo, cuenta con las habilidades organizativas y administrativas para comenzar y operar su propio emprendimiento?**

Si cree que tiene la personalidad y habilidades para tener éxito, hemos cubierto algunos pasos sobre cómo comenzar. Con respecto a las ideas de emprendimiento que usted ha generado, analice cada una de ellas haciendo las preguntas INTELIGENTES. Este ejercicio puede revelar algunas nuevas ideas e información conforme avance con el proceso de exploración de la actividad empresarial. El instruirse usted misma en la industria en la que desea comenzar es crucial.

2

El Enfoque de Bendición del Mundo del Emprendimiento

2

El Enfoque de Bendición del Mundo del Emprendimiento

La eterna pregunta: **¿Vale la pena estudiar para emprender?**

Hacer una carrera o un posgrado en negocios es de gran ayuda. Pero para convertir tus ideas en emprendimientos también cuenta la experiencia y más aún quien dirige tu vida.

Muchas mujeres emprendedoras tienen en común la pasión por su empresa; eso sí, lo que no tienen en común es su historial académico. Algunas solo concluyeron la preparatoria. Muchas cuentan con un título de licenciatura. Unas nunca han tenido estudios y otras han cursado una maestría en Administración de Negocios o MBA.

En lo que al espíritu emprendedor se refiere, definitivamente la educación no es una cosa "unitalla" que le ajuste a todo el mundo. Así que prepárate para tratar de resolver la interrogante que varias mujeres emprendedoras se han planteado en diversos momentos. ¿Estudiar administración de empresas te hace, en efecto, mejor emprendedora? O bien, ¿se puede enseñar el espíritu emprendedor?

Ser emprendedora no solo está de moda, sino que se ha convertido en toda una tendencia. En Estados Unidos hay numerosos programas educativos, tanto a nivel universitario como de posgrado. Sin embargo, esto en vez de esclarecer el panorama, solo impulsa la misma interrogante: ¿se trata de una habilidad que se puede aprender en la escuela, o incluso en el trabajo?

El espíritu emprendedor se puede enseñar. Pero, la pasión por una idea, por la oportunidad, esa tiene que venir de tu parte como mujer emprendedora. Ser emprendedora no es fácil, ser empresaria es de valientes y ser exitosa es de sabias. Todas las que se han decidido a entrar al mundo del emprendimiento se han enfrentado a grandes temores, el principal es permanecer en un entorno empresarial competitivo, con mejor servicio, con menores precios o con mayor esfuerzo.

Las emprendedoras destacadas que conoces fueron alguna vez empleadas y tuvieron el temor de independizarse por miedo al fracaso, pero el día que decidieron dar ese valiente pasó, se abrió una brecha que trajo consigo grandes retos y el mayor de ellos fue no darse por vencida.

Recuerdo que cuando me senté con más de 10 posibles patrocinadores para establecer Centro de Innovación Mujer Latina solo uno le apostó al proyecto. Entonces me preguntarás

¿Con qué se rentó el primer local? ¿Cómo se llevaron a cabo los programas y proyectos por tantos años? ¿Por qué no se cerró? Y te podría contestar que el sustento de la organización lo hizo el Rey de Reyes y el Señor de Señores, que no podría decirte de manera concreta como se pagó, de dónde apareció el dinero y por qué no se cerró la organización. Lo único que sé y que quiero compartir, es que desde el principio esta visión estaba en manos de Dios y a partir del día uno y hasta la fecha, la organización nunca ha dejado de funcionar. Dios abre puertas y las puertas que Él abre nadie las cierra.

Hoy 10 años después, puedo afirmar que la supervivencia de un sueño, solo es posible si Dios es su creador. En el camino al emprender una idea vas a encontrar muchos obstáculos, pero si has dejado el proyecto en manos de Dios, él te dará inteligencia financiera, gracia en ventas, estrategias de marketing y mucho más.

Las empresas de Dios, están formadas bajo una roca hecha de fe, de esperanza, de amor y de esfuerzo. La perseverancia es una de sus mayores virtudes y rendirse no está en sus proyectos.

Cuando se define que la empresa es de Él y para su gloria, siempre habrá dinero para la nómina, no tendrás deudas y el futuro de la empresa estará asegurado.

Al enfrentar incertidumbres económicas, grandes impuestos, reformas laborales y competidores más grandes, la oración siempre será tu escudo y por fuerte que sea la tormenta no te llegará, porque la empresa será sostenida por su creador.

Hoy, se habla de la era de la economía colaborativa y de las empresas que nacen de mujeres valientes que han decidido dar un paso adelante y, en cambio, de pasar hojas de vida deciden recibirlas, generando nuevos empleos, lazos de amistad, unión de conocimientos y división de gastos. Esta economía es celestial porque está basada en unión de talentos y la emprendedora solo necesita saber que cada idea que esté en manos de Dios, crecerá y se fortalecerá. **¡Es hora de dejar tu sueño en manos de Dios!**

En este capítulo y a lo largo del libro te hablaré de una mujer que es mi inspiración en este mundo del emprendimiento y en muchos roles de mi vida; desconozco su nombre y su historial académico, pero lo que se es suficiente para que querer realizar mis emprendimientos a la manera de Dios.

Mucho se habla en estos días del emprendimiento de la mujer. Lo que nos hace pensar que son términos recientes, novedosos y creativos de la humanidad. La realidad es que estos son principios bíblicos y de mucha antigüedad. Bien dice la Biblia que "no hay nada nuevo bajo el sol." (Eclesiastés 1:9). También es cierto que la Biblia es relevante, actual y contiene las instrucciones que necesitamos para ser buenas personas, felices y prósperas.

Hay muchos ejemplos en la Biblia, desde el libro de Génesis hasta los relatos de Jesús, donde se demuestra que las mujeres bíblicas eran empresarias, emprendedoras, prósperas, capaces e independientes. De todas estas mujeres de la Biblia hay una que se destaca por sus dotes de emprendimiento y empoderamiento.

La Biblia no le da nombre, pero se le conoce como la **MUJER VIRTUOSA DE PROVERBIOS.** Digamos que ella es el ejemplo de lo que una mujer realizada puede llegar a ser en su vida. Ella es en general una buena mujer, buena madre y esposa, comerciante, emprendedora, laboriosa, diligente, sabia, bondadosa, buena ama de casa y muchas cosas más.

A la vez sabemos que no somos mujeres perfectas y que solo nos queda tratar de ser la mejor mujer que podamos ser. Tal vez no tengas marido, tal vez no tengas hijos, tal vez crees que eres incapaz de ser emprendedora. Nada de lo que te falta te descalifica para ser una mujer virtuosa, ya que cada mujer tiene sus propios talentos y dones. Tu pasado y las decisiones que tomaste tampoco te descalifican, ya que Dios restaura las vidas de las mujeres y les da una nueva oportunidad.

Las mujeres emprendedoras reconocemos que no somos perfectas como la mujer de Proverbios 31, pero sí sabemos que Dios nos ha regalado muchos dones y talentos. Podemos comenzar a ser virtuosas desde hoy y con la vida que tenemos. No pienses que, porque no fuiste virtuosa en el pasado, nunca lo serás.

Mujer, descubre tus talentos, desarróllalos, emprende cualquier proyecto sabiendo que Dios está de tu lado. Ora a Dios para que te muestre tus talentos escondidos y tus habilidades. Examínate, conócete, analízate. Trae a tu mente eso que te apasiona, algo que harías, aunque no recibas nada a cambio por hacerlo. Probablemente, allí donde está tu corazón también están tus talentos. Pero te advierto que, aunque no sepas ni descubras para que eres buena, **DIOS SE ENCARGARÁ DE MOSTRARTE TUS TALENTOS si lo pides con FE.**

Puedes ser buena en muchas áreas, pero siempre Dios nos regala algo en lo cual nos destacamos. No trates de imitar lo que otras mujeres han logrado, no envidies a la que ya descubrió sus talentos. Más bien que eso te motive a descubrir lo bueno que hay en ti. Recuerda pedirle dirección a Dios.

El emprender proyectos y empoderar tu vida son dos habilidades que te da Dios. Cuando lees la Biblia encuentras innumerables relatos de sagacidad, lucha, aventura, prosperidad y sobre todo mujeres que eran dueñas y manejaban sus propios negocios.

La mejor guía para emprender cualquier proyecto es la BIBLIA. Busca dirección y consejo en esas sagradas páginas. Esta descripción bíblica de la mujer de Proverbios 31 es un excelente ejemplo de cómo la mujer es empoderada en la Biblia.

Para ser una EMPRENDEDORA debes:

1. Trabajar con disposición

Proverbios 31:13 "Busca lana y lino, Y con voluntad trabaja con sus manos."

La mujer de Proverbios 31 no solo es una mujer que trabaja duro, sino que hace su tarea con buena actitud. Ella trabaja "con voluntad".

Cuando sales de la cama en la mañana, ¿tienes voluntad y disposición para hacer tus tareas? La mujer de Proverbios 31 rebosa energía, laboriosidad, voluntad y diligencia. Mira tus manos... ¿Estás dispuestas a trabajar hoy con voluntad?

Me encanta cómo el amor de la mujer de Proverbios 31 por Dios fluye hasta su familia a través de su deseo de servirles. Pero **¿Cómo se consigue tener esa actitud?**

- **Ora:** ora y pídele a Dios que te dé voluntad para trabajar todo el día.

- **Cumple con tu trabajo como si fuera para el Señor:** Colosenses 3:23 dice "Y todo lo que hagáis, hacedlo de corazón, como para el Señor y no para los hombres."

- **Cambia tu perspectiva:** cada tarea que haces es un trabajo de amor. Cuando realizas los quehaceres del hogar, cuando realizas tus tareas educativas o profesionales. Sin decir palabra, tu voluntad para hacer las cosas habla de tu amor propio y el amor por tu familia.

- **Busca inspiración:** lee libros sobre cómo ser una mujer emprendedora y pon en práctica las técnicas de las que te habla. Aprende de una mujer emprendedora que conozcas pidiéndole que te enseñe cuáles son sus técnicas para manejar todos los aspectos de su vida.

- **Descansa**: si trabajas con voluntad durante todo el día, vas a estar exhausta. No dejes que tu cansancio o tu falta de descanso te desanimen. Si todo el día has estado trabajando ¡vas a estar cansada! Dios no condena el descanso. Condena la flojera.

¿Tienes un modelo de mujer de Tito 2? Invierte tiempo aprendiendo a ser ama de casa. Y toma tiempo también para orar, cambiar tu perspectiva, trabajar con voluntad y descansar. Tu actitud dispuesta será de bendición para usted y su familia.

2. Comprar para la gloria de Dios

Proverbios 31:14 "Es como nave de mercader; Trae su pan de lejos."

¡Qué mujer tan increíble! En el versículo 14 vemos una nueva característica de su carácter ¡Se toma en serio el ir de compras! La mujer de Proverbios 31 se compara con una nave de mercader. ¿Qué era una nave de mercader? Era un barco que llevaba toda clase de productos al puerto. Incluía cosas como tintes, telas, especias, aceites, comida y vajillas.

La mujer de Proverbios 31 no tenía un refrigerador, así que tenía que ir diariamente al mercado y a veces tendría que recorrer un largo camino para conseguir todas las cosas que necesitaba para el día. Recorría con disposición el largo camino por su amor y preocupación por su esposo y sus hijos.

Si alguien describiera tu estilo de comprar, ¿cómo te describiría? ¿Eres como una nave de mercader? ¿Estás dispuesta a recorrer largas distancias para encontrar los mejores, más baratos y más saludables ingredientes para tu familia? ¿Trabajas duro en tus compras? ¿Solo adquieres comida rápida y fácil de hacer o haces comidas caseras? ¿Tomas especial cuidado en conseguir un buen precio con lo que adquieres o te paras en la primera esquina y compras algo rápido?

Déjame decir, para que conste, que comprar es difícil (especialmente con hijos pequeños, lo viví en carne propia mientras mis tres hijas eran pequeñas). Sé cuánta planificación, tiempo y energía se va en hacer las compras. Si vamos a ser como la mujer de Proverbios 31 necesitamos estar dispuestas a convertir el hacer la compra en una expresión creativa de amor por nuestras familias. Las preguntas que te he hecho más arriba son preguntas que yo misma me hago.

Alimentar a nuestra familia cumple con una necesidad básica. Es necesario. ¿Lo estamos haciendo para la gloria de Dios? ¿O estamos demasiado cansadas como para cocinar una buena comida a nuestras familias? Si lo estamos, nuestras prioridades no están en orden. Es una necesidad básica de nuestra familia. Esfuérzate en ser excelente en eso también y ¡compra para la gloria de Dios!

3. Levantarte temprano

Proverbios 31:15 "Se levanta aún de noche y da comida a su familia y ración a sus criadas."

En el versículo 15 tenemos un nuevo rasgo de su carácter: se levanta MUY temprano.

Para todos los búhos nocturnos, quiero aclarar algo de antemano: no estoy diciendo que todas las mujeres piadosas se levantan temprano. Estoy diciendo que la mujer de Proverbios 31 se levantaba temprano. Más tarde, en Proverbios 31:18 veremos que su lámpara no se apaga de noche, así que también se acuesta tarde. Pero como en este versículo dice que se levanta temprano, es de eso que voy a hablar.

¿Por qué la mujer de Proverbios 31 se levanta temprano?

- Para proveer comida para su familia

- Para proveer de "porciones" a sus criadas.

La palabra "porciones" en este pasaje quiere decir trabajo. Se levanta muy temprano para alimentar a su familia y delegar las tareas diarias que necesitan hacerse. Puede que digas "Yo no tengo sirvientes" ¡yo siento lo mismo! Pero déjame sugerir que tu lavadora, secadora, lavaplatos o aspiradora son algunos sirvientes modernos que aligeran nuestra carga tremendamente si lo comparamos con los tiempos bíblicos.

¿Cuáles son los beneficios de levantarse temprano?

- **Tiempo con Dios:** Puedes estar a solas con Dios en paz y tranquilidad. Este es mi tiempo más precioso del día.

  Un consejo para cuando los niños te interrumpen en este tiempo: Comenzando desde los tres años, enseñé a mis hijas que debían estar en sus cuartos hasta que el reloj digital tuviera un 7. Pueden leer y jugar en sus cuartos pero no salir hasta las 7. Enseñarles a hacer eso ha sido una gran bendición para esta mamá. He disfrutado de mi tiempo a solas con Dios durante años sin apenas interrupciones. Ellas saben lo que se espera de ellas y lo hacen.

- **Tiempo a solas para planificar:** La mujer de Proverbios 31 delegaba el trabajo diario. Ella sabía lo que necesitaba hacerse y ocupaba su cargo al frente de la casa. Me gusta utilizar la tranquilidad de la mañana para pensar con claridad y repasar mi agenda del día.

- **Tiempo para hacer el desayuno, empacar almuerzos e incluso adelantar la cena:** La prioridad de proveer a su familia de comida saca a la mujer de Proverbios 31 de la cama por las mañanas.

- **Tiempo para el devocional familiar:** Trato de hablar de la Palabra de Dios cada mañana, mientras nos preparamos, desayunamos o vamos camino a nuestros destinos. Es una buena forma de preparar el corazón de todos para el día.

Cómo disciplinarte para levantarte temprano:

- Define a qué hora te quieres levantar y hazlo durante 6 días en una semana.

- Acuéstate temprano, al menos 7 horas antes de la hora en la que planeas levantarte.

- Ora y pídele a Dios que te ayude a levantarte temprano.

- ¡Levántate!

Si estás en una época en la que estás amamantado o cuidando a un familiar enfermo, no dejes que la culpa se apodere de ti por no levantarte. Hay temporadas en las que simplemente no podemos levantarnos temprano. Dios nunca te va a obligar a hacerlo. El ejemplo de la mujer de Proverbios 31 es un objetivo que alcanzar.

4. Tener un sueño

Proverbios 31:16 “Considera la heredad, y la compra, Y planta viña del fruto de sus manos.”

¡Esta mujer es asombrosa! Lo que más me llama la atención es su ética de trabajo. Trabaja con toda su energía para ser de beneficio a su familia al levantarse temprano, trabajar con disposición y comprar sabiamente. El rasgo de carácter que vemos en este versículo es un resumen de todos estos. En el versículo 16 vemos:

- **Considera la heredad:** No se lanza a las cosas de una vez. Es paciente, cautelosa y ora. Ve un campo y puede imaginarse lo que puede hacer con él ¡es una visionaria! Me encanta esto sobre ella ¡es tan creativa!

- **Compra la heredad:** no importa cómo lo traduzcas, es una transacción de negocios. Ella compra el campo. En lugar de gastar el dinero extra de la familia en placeres frívolos para ella misma, lo invierte sabiamente en algo que resultará un beneficio para todos.

- **Planta una viña:** De nuevo vemos su ética de trabajo. Plantar una viña no es una tarea fácil. Trabaja duro y como resultado de eso, su familia se beneficia. En el tiempo de cosecha tendrán abundancia de fruta y bebida.

¿Tienes un sueño? ¿Tienes un talento que desearías usar para contribuir a las finanzas de tu familia? Sigue el plan de la mujer de Proverbios 31:

- **Considera:** toma un tiempo para orar sobre eso. Pregúntale a Dios si es la mejor época para invertir tiempo y dinero en ese sueño ¿Va a alejarte de tu familia o beneficiarla?

- **Compra:** probablemente, vas a necesitar recursos para llevar a cabo tu sueño. Quizás tengas que comprar materiales, renovar un cuarto en tu casa o comprar ropa nueva. Sea lo que sea, sé sabia. Sé prudente con el dinero de tu familia.

- **Planta:** aquí es donde el caucho se encuentra con la carretera. Debes trabajar duro para alcanzar tu sueño. No va a pasar de la noche a la mañana. Va a llevar días de trabajo, va a haber retrocesos y frustraciones. Debes perseverar para cosechar el fruto de tu trabajo.

Yo misma experimenté esto cuando consideraba empezar CENTRO DE INNOVACIÓN MUJER LATINA, este Centro Psicosocial es un sueño de muchos años. Durante mucho tiempo oré sobre si debía comenzar la organización o no. ¿Era una idea tonta que se me estaba ocurriendo o era una de las obras que Dios había preparado para mí? Analicé varios factores, ¿Tengo tiempo? ¿Es esta la época correcta de mi vida? ¿Cuál es mi propósito?

Sabía que yo tenía la pasión, pero el tiempo es algo que debemos valorar en gran manera. ¿Podría realmente ajustarme bien y cumplir con otros objetivos familiares? Junto con mi familia decidimos que sí, que este era un sueño que el Señor había puesto en mi corazón.

Una vez que consideré mi sueño y el factor tiempo, era el momento de "comenzar". Ahora estoy en la parte de plantar. Diariamente, tengo que trabajar para ver que este sueño toma forma.

Conozco a muchas mujeres talentosas que pueden coser, hacer manualidades, cocinar, dirigir pequeños emprendimientos, fundar organizaciones o crear cosas increíbles con sus manos. Quiero animarte a no abandonar tus sueños. De mi propia experiencia puedo decir que Dios está poniendo ese sueño en tu corazón.

Cada mujer, desde la ama de casa hasta la empresaria, tiene un sueño en su corazón. Todas tenemos sueños comunes puestos por Dios en nuestro corazón: ser las mejores esposas, madres y amas de casa que podamos, pero después de eso, cada una tiene talentos y dones únicos. Cuando el talento y el tiempo concuerdan con el sueño (y tu familia te apoya al máximo, lo cual averiguarás en el tiempo de "considerar"), no dudes que Dios está en el asunto. Quizás en esta época de tu vida no es el momento para invertir tiempo o dinero en tu sueño. Pero ora y espera y cuando el tiempo sea correcto, haz lo mismo que la mujer de Proverbios 31 ¡para la gloria de Dios!

5.Aprovechar el tiempo

Proverbios 31:18 "Ve que van bien sus negocios. Su lámpara no se apaga de noche."

Esta mujer sigue desafiándome. Hasta ahora hemos visto que se levanta temprano, trabaja con ánimo y voluntad, compra sabiamente y es extremadamente productiva con sus manos.

- Ve que van bien sus negocios. El comentario de Matthew Henry dice "Es una mujer que se esfuerza en sus obligaciones y se agrada de ello. Es cuidadosa con su tiempo para que no se pierda nada. Se levanta temprano. Hace lo que hace con poder y no desperdicia nada."

Muchas mujeres emprendedoras tienen en común la siguiente característica:

- Su lámpara no se apaga de noche. Cuando haces tu trabajo con excelencia, te encontrarás con que a veces debes trabajar de noche. CENTRO DE INNOVACIÓN MUJER LATINA me ha dado más de una larga noche. La mujer de Proverbios 31 no ve televisión en la noche.

Todos los comentarios dicen que esta era una mujer que básicamente trabajaba día y noche. Pero sabemos que dormía, porque en el versículo 15 dice que se levantaba temprano, así que tenía que dormir para levantarse. Por la invención de la electricidad, a veces nos olvidamos de que su lámpara de aceite se prendería con el atardecer, entre las 5:30 y las 8:30 pm. Para nosotras, la "lámpara de noche" comienza cuando prendemos las luces. ¿No es verdad que la mayoría de nosotras está trabajando en la tarde-noche? Hay platos que lavar, baños que dar, tareas para hacer, ropa que lavar, historias para leer y posiblemente, algo para limpiar si no has estado en casa durante el día.

Encender la lámpara de noche no quiere decir que te quedas trabajando hasta media noche. Sé que hay muchas personas que tienen energía tarde en la noche (¡los búhos nocturnos!) Si tú eres así y eres capaz de hacer muchas cosas en la noche, es fantástico.

Pero para otras, no te sientas mal si a las 10:00 pm estás cansada y lista para acostarte. ¡No te estás acostando temprano! Tu lámpara de noche ha estado prendida por unas cuantas horas para cuando llega ese momento y si te vas a levantar temprano, tal y como hace la mujer de Proverbios 31, entonces las 10:00 pm es una buena hora para ti.

El problema con la tecnología es que nos mantiene despiertas durante la noche y no estamos siendo productivas, sino que nos levantamos cansadas, demasiado agotadas para mantener nuestros ojos abiertos para leer u orar y de mal humor con nuestra familia. Intenta ser productiva en las tardes y después, ten tu merecido descanso. Lee un libro, ve un programa de televisión corto y vete a dormir porque ¡llega el amanecer!

7. Perseguir la excelencia

Proverbios 31:24 "Hace telas, y vende, Y da cintas al mercader."

Hasta ahora, hemos visto que se levanta temprano, se acuesta tarde y planta una viña. Y ahora vemos que esta mujer sabe que es capaz de más y hace más. La cereza en el tope del trabajo de esta mujer es la excelencia.

La lección en Proverbios 31:24 es que está dispuesta a utilizar sus talentos para añadir a las finanzas familiares, PERO no sacrifica a su familia por ello.

La mujer de Proverbios 31 no solamente hace lino, sino que hace lino fino. Aplica excelencia a su trabajo. La excelencia no es perfección, sino trabajo de calidad. Como resultado, sus productos tenían demanda por parte de los mercaderes. Los mercaderes procedían en su mayoría de Canaán y Egipto y solían ser ricos. Así que ella podía relacionarse con personas de todo tipo, desde los más pobres a los más ricos y hacerlo con excelencia. La familia de la mujer de Proverbios 31, los mercaderes y los pobres se beneficiaban de su diligencia en su negocio familiar. Mientras consideras este versículo hazte estas preguntas:

- **¿Cuáles son mis talentos?**

- **En esta época de mi vida, ¿Utilizo mis talentos para beneficiar a mi familia económicamente, estaré sacrificando algunas otras áreas de responsabilidad?**

- **Si las respuestas a la pregunta 2 es no, ¿estoy desarrollando mi talento con excelencia? ¿En qué formas podría capacitarme mejor o poner más tiempo en ser excelente en lo que hago?**

Para algunas, esta no es la época de su vida en la que deben poner sus talentos fuera del hogar. Para otras, este es el tiempo de desplegar sus alas y usar sus talentos en una nueva área. La lección de Proverbios 31:24 es: ella está dispuesta a utilizar sus talentos para añadir ingresos a las finanzas de su familia PERO no sacrifica a su familia por eso. Busca a Dios y pídele sabiduría en el proceso de tomar una decisión y hagas lo que hagas, hazlo con excelencia, como la mujer de Proverbios 31.

3

La Mujer Emprendedora

3

La Mujer Emprendedora

Muchas mujeres aspiran incursionar en el mundo del emprendimiento. Hay diversas razones para esto: desean ser su propio jefe, tener más control sobre su tiempo y sobre las decisiones de la empresa en la que trabajan, desean estar más tiempo con la familia, usar sus talentos y dones de una forma más efectiva... La lista podría continuar.

Lo cierto es que en los últimos años se ha visto un gran crecimiento en el área de empresas familiares y negocios propios. Y las mujeres estamos aprovechando esta nueva tendencia. **¿Qué aspectos o requisitos mínimos debe considerar una mujer al establecer un emprendimiento?**

La Biblia dice que debemos dejar que nuestra luz alumbre a los demás, y una forma muy clara de mostrar la luz de Cristo es la forma en que administramos nuestras finanzas y nuestros emprendimientos. Por eso debemos:

* Buscar que Dios sea glorificado en y a través de nuestro emprendimiento. Para esto necesitamos establecer unas reglas éticas claras en áreas como la manera en que

negociamos nuestros contratos y compras, las condiciones de pago de materiales, la publicidad de nuestro emprendimiento, etc. Si eres una mala pagadora, y no cumples con lo que dice tu contrato, entregas los pedidos tarde y ni siquiera te disculpas, no estás obrando de forma que Dios pueda glorificarse en tu emprendimiento.

* Trata de no asumir deudas innecesarias. Al principio de un emprendimiento muchas mujeres se emocionan tanto que comienzan a hacer compras compulsivas a diestra y siniestra desde papel y bolígrafos hasta muebles de oficina. Trata de establecer un presupuesto y mantente dentro de tus posibilidades económicas. No pidas prestado lo que no podrás pagar y no compres más material del que necesitas para cada proyecto.

* Sé un ejemplo para otras personas. Que te conozcan como la que más se esfuerza, la más honrada, y la más justa. ¡Que tu vida anime e inspire a otras personas!

* Recuerda que todo lo bueno en la vida es un regalo de Dios. (Santiago 1:17) Agradece a Dios por su ayuda, reconócelo en cada paso, y da de tus ganancias para el establecimiento de su reino.

* Provee un servicio o producto de calidad. Aunque no veas mucho fruto al principio, mantén tus principios de excelencia y esfuérzate por ofrecer el mejor servicio que te sea posible.

Según vas adquiriendo más clientes, haz que cada uno vea tu esfuerzo y deseo de proveer lo mejor.

* Paga a tiempo a tus proveedores. Si necesitas un plan de pagos, háblalo con ellos antes de que se cumplan los plazos y establece un plan que sea justo para todos, un plan que te permita continuar creciendo el negocio.

Elaborando un plan de negocio

Para comenzar un emprendimiento es esencial el preparar un plan de negocio. ¿Qué es un plan de negocio? ¿Para qué sirve el plan de negocio? ¿Cómo redacto mi plan?

¿Qué es un plan de negocio?

El plan de negocios es una descripción detallada del emprendimiento que piensas comenzar y de los pasos que puedes dar para lograr el éxito. También es un análisis objetivo de lo que necesitas personal y financieramente para alcanzar tu sueño de un emprendimiento próspero.

¿Para qué sirve el plan de negocio?

Sirve para que tengas una idea de lo que necesitarás para echar adelante un negocio. Te ayuda a analizar tus oportunidades y opciones. A la vez, es esencial para pedir financiación a un banco.

El plan también es un bosquejo de lo que consideras importante en este momento y te ayuda a tener las prioridades por escrito. En él defines tus metas al comenzar ese negocio en específico.

¿Cómo redacto mi plan?

El plan de negocio debe incluir:

1. Una descripción detallada de tu emprendimiento: ¿De qué trata el emprendimiento? ¿Cuáles productos o servicios ofreces? ¿Qué metas tienes a corto (primer año) y a largo plazo (dentro de más o menos 5 años)?

2. Evaluación de costos y fondos necesarios: ¿Cómo vas a financiar el emprendimiento? ¿Qué equipo necesitas? ¿Con cuáles recursos cuentas? ¿Cuáles son los costos iniciales?

3. Evaluación de licencias, permisos y seguros necesarios. ¿Necesitas alguna licencia o permiso en específico? ¿Qué tipo de seguro necesitas?

4. Descripción del mercado objetivo: ¿A quiénes van dirigidos tus servicios o productos? ¿Cómo puedes alcanzar tu mercado objetivo? ¿Qué tipo de publicidad necesitas hacer?

5. Análisis de la competencia: ¿Hay mucha o poca competencia? ¿En qué aspectos eres mejor u ofreces mejores servicios que

las otras compañías? ¿Cómo comparan los precios, la calidad y el servicio?

6. Evaluación de riesgo (físicos, económicos, etc.): ¿Cuáles son los principales riesgos a los que te enfrentas? ¿Cómo puedes minimizar el caer víctima de estos riesgos?

7. Otros puntos a considerar: Horario de atención al público.

Si vas a usar tu plan para pedir un préstamo o financiación debes incluir tus datos personales y una descripción de tus estudios y experiencia laboral que te cualifican para comenzar ese tipo de emprendimiento.

Todas tenemos grandes sueños. Debemos entregar a Dios esos sueños y pedirle que nos dirija y ayude. Y sobre todo, mientras trabajamos por hacer realidad esos sueños, no olvidemos que lo más importante es que Dios sea glorificado.

Las mujeres emprendedoras no son ciudadanas de segunda clase en el Reino de Dios. La Biblia habla claramente de negocios y presenta a la Mujer de Proverbios 31 como un ejemplo santo y de virtud de cómo servir a otros y satisfacer múltiples necesidades en la sociedad.

Veamos algunas de sus características:

1. Hace un estudio de mercado e invierte comprando un terreno.

2. Fuera de sus ganancias ella planta una viña.

3. Obtiene ganancias y reinvierte si ve que aumentarán sus ingresos.

4. Lleva los libros contables y maneja flujo de caja.

5. Hace prendas de vestir de lino y las vende, también suministra de cinturones a los comerciantes.

6. Participa en la fabricación para la venta al por menor.

7. Ha establecido una cadena de abastecimiento.

8. Utiliza parte de las ganancias para el trabajo caritativo, abriendo sus brazos al pobre y extiende su mano al necesitado.

9. Proporciona alimento y el sustento para su casa y también alimenta a sus empleadas.

10. Provee de empleo.

11. Denle la recompensa que ella ha ganado.

12. Su trabajo en los negocios es reconocido, elogiado y ciertamente admirado en la puerta de la ciudad.

He tenido incontables conversaciones con mujeres emprendedoras, y una pregunta común entre ellas es: **¿Cómo glorificar al Señor desde nuestra posición privilegiada?**

Esa pregunta es muy buena, ya que por lo general muchas mujeres emprendedoras no entienden que la responsabilidad que tienen ante Dios es que los demás puedan ver el carácter de Cristo reflejado en sus emprendimientos. Vivimos en una generación donde, tristemente, muchas personas no relacionan su vida de fe con su vocación profesional. No ven conexión entre su llamado espiritual y su llamado laboral. Es común verlas adorando apasionadamente en los cultos dominicales, mientras dejan de lado a Cristo de lunes a sábado en el lugar de trabajo.

Seamos intencionales en glorificar a Dios

Por nuestra naturaleza pecaminosa olvidamos con facilidad que Dios nos creó con un propósito (2 Timoteo 1:9). Él diseñó obras desde antes de la fundación del mundo para que anduviéramos en ellas (Efesios 2:10), y nos dio dones y talentos para realizarlas (Efesios 4:7; 1 Corintios 4:7). Él es quien produce en nosotras tanto el querer como el hacer su buena voluntad (Filipenses 2:13).

Por lo tanto, y a la luz del glorioso evangelio de Cristo (Romanos 12:1-1), debemos buscar ser intencionales en honrar a Dios como mujeres emprendedoras (Colosenses 3:17, 1 Corintios 10:31). Pensando en esto, aquí tienes algunas lecciones vitales como mujer emprendedora:

1. Comprométete a llenarte con la Palabra de Dios

Tu crecimiento espiritual depende de esto (2 Timoteo 3:16-17). No puedes compartir y reflejar lo que no mora realmente en ti. Como mujer emprendedora, esto es vital para alentar o amonestar en amor a tus empleados cuando tengan dificultades, caídas, o estén en desánimo, a fin de que puedan ser edificados y consolados al poner su esperanza en Jesús (1 Tesalonicenses. 5:14).

Esto es necesario para fomentar una cultura en tu empresa que refleje el carácter íntegro, servicial, y excelente de Cristo.

El mundo empresarial no es fácil, y eso nos recuerda nuestra necesidad constante de la gracia de Dios.

2. Mantén tus prioridades en orden

Es común conocer a mujeres emprendedoras que no tienen sus prioridades organizadas conforme a la Biblia. Por eso descuidan su caminar con el Señor, sus hogares, o la vida en la iglesia. Busca primeramente el reino de Dios y su justicia, y confía en que las demás cosas que Él tiene preparadas para ti serán añadidas (Mateo 6:23).

3. Usa tus recursos para la expansión del reino de Dios

Recordemos que nada material es nuestro en última instancia. Solo somos administradoras de los recursos que Dios nos ha dado, y más bienaventurado es dar que recibir (Hechos 20:35). La gran comisión requiere que contribuyamos económicamente a ella. Esto implica también usar los privilegios que Dios nos ha dado para servir y ayudar a los necesitados (Gálatas 6:9).

4. Sé responsable mientras confías en la soberanía de Dios

Seamos esforzadas en el cumplimiento de nuestras labores, y mostremos gozo aún cuando no obtengamos los resultados esperados. Nuestro compromiso es dar el 100 %, hacer lo mejor que podemos, y confiar en que el resultado (bueno o malo) está en las manos de Dios.

Confiar en su voluntad nos dará descanso y paz, porque sabemos que Él permite todo en nuestras vidas con un propósito que siempre es bueno aunque no lo entendamos (Proverbios 21.31; Romanos 8:28). Dios no prometió que en nuestras vidas todo será color rosa. Descansemos en Él porque prometió estar con nosotras (Colosenses, Josué 1:9).

5. Persevera con los ojos puestos en Cristo

Procuremos siempre seguir en la carrera de la fe, poniendo los ojos en Jesús (Hebreos 12:1-2). El mundo del emprendimiento no es fácil, y eso nos recuerda nuestra necesidad constante de la gracia de Dios. Hemos sido llamadas a presentar nuestro cuerpo delante de Él como sacrificio vivo y santo, y a hacer lo que Él nos exhorta a hacer. No debemos adaptarnos a este mundo, sino más bien entender la necesidad de renovar nuestra mente con la Palabra (Romanos 12:1-2).

Una enorme oportunidad

La parábola de los talentos nos recuerda que llegará el día en que daremos cuentas a Dios por todo lo que ha puesto en nuestras manos (Mateo 25:14-30). Así que las mujeres emprendedoras tenemos una gran responsabilidad, pero a la vez una enorme oportunidad para servir al Señor siendo buenas mayordomos.

Te animo a meditar en las cinco lecciones presentes, mientras pedimos a Dios que seamos usadas en nuestros emprendimientos como instrumentos útiles en sus manos para que otras personas puedan venir a los pies de Cristo y su reino sea expandido.

¿Estás aprovechando la oportunidad que Dios te da de glorificar su nombre a través de tus emprendimientos?

4

Ingredientes Claves: Fe, Determinación y Pasión

4

Ingredientes Claves: Fe, Determinación y Pasión

Hay varias mujeres reconocidas internacionalmente, que han iniciado diversos emprendimientos exitosos en varios sectores y nichos de mercado de acuerdo con sus talentos y habilidades.

Estas mujeres tienen tres características que he observado en su historia de vida y los retos que han tenido que enfrentar. Estas tres características son:

- **Fe**
- **Determinación**
- **Pasión**

La fe es poder, la determinación es acción y la pasión es compromiso. Estas mujeres han orado y actuado en el logro de sus sueños, son mujeres determinadas, no paran de soñar y actuar, han sido consecuentes con lo que quieren lograr, no han desfallecido y están llenas de la Gracia de Dios, son apasionadas con lo que hacen.

Estas mujeres ponen en marcha proyectos pensando en el bienestar de la sociedad, y tienen en común un deseo ferviente de ayudar al prójimo. Ellas entienden que lo más importante en sus vidas es cultivar su ser interior con principios y valores, son mujeres que viven en integridad, son ejemplos a seguir por sus conductas intachables.

La empresaria cristiana Laurie Beth Jones, presidente y fundadora de The Jones Group, una firma de publicidad, mercadeo y desarrollo empresarial, en San Diego - California, condecorada como una de las mujeres más notables de Texas y acreedora a varios premios a la excelencia empresarial, escribió un *bestseller* en Estados Unidos, llamado Jesús CEO, que cimentó en tres premisas sencillas basadas en la vida del Maestro de Galilea:

- Fue una persona que capacitó a doce hombres, y que influenció tanto en el mundo, que el tiempo se registra ahora antes de Cristo (a.C.) y después de Cristo (d.C.) su existencia.

- Fue una persona que trabajó con un staff compuesto totalmente por humanos, no por seres divinos..., un staff que, a pesar de su carencia de educación, dudosa procedencia, sentimientos distintos y cobardía momentánea, cumplió con las tareas asignadas y para las cuales fue entrenado.

- Su estilo de liderazgo puede ser adoptado por cualquiera de nosotros hoy, cientos de años después de su existencia en la tierra.

Además, enuncia tres fortalezas de El Salvador:

- **Autodominio**
- **Acción**
- **Relaciones**

La mujer emprendedora necesita la fortaleza espiritual de practicar el autodominio o dominio propio, la acción para llevar a cabo sus sueños, deseos y proyectos y en sus relaciones impactar en el círculo social en donde se encuentre, por su interés genuino hacia las personas que las rodean.

Una emprendedora como líder, debe inspirar a sus trabajadoras o trabajadores para llevarlos a los retos que deben emprender, compartirles su visión con pasión, capacitar, entrenar y enseñarles de liderazgo, un liderazgo fundamentado en varios principios basados en la ética de la virtud. Deben honrar a sus empleados por su esfuerzo y dedicación.

Mary Kay dijo e implementó la siguiente frase:

"Si honras y sirves a la gente que trabaja para ti, ellos te honrarán y te servirán a ti."

Las mujeres emprendedoras necesitan ser determinadas, de carácter firme, líderes en la acción, estrategas e influyentes, sociables en el lugar que se encuentren, y seguir las instrucciones dadas por Dios en su palabra, que se basan en su relación de oración en intimidad con Dios.

Las mujeres emprendedoras lo que deben buscar es progresar en su modo de vivir que agrada a Dios, más que en crecer financieramente. Siendo conscientes que el dinero no brinda felicidad, pero entendiendo que es útil para ayudar a muchas personas más, para que cumplan sus sueños.

Necesitan tener clara su identidad como hijas amadas y princesas hermosas de Dios. Reconociendo que tienen un Padre Poderoso que las protege y las respalda en todos sus proyectos. Una de las virtudes más sobresalientes de una mujer emprendedora es su generosidad con el prójimo, practican el capitalismo solidario con sus empleados. El filósofo de negocios Jim Rohn lo resumió de esta forma:

"El mayor valor de la vida no es lo que consigues. El mayor valor de la vida es en lo que te conviertes."

Una mujer emprendedora es disciplinada, se entrena y se capacita constantemente. Los entrenadores de líderes, Gilberto Salazar y Mauricio Lozano, dicen:

"El entrenamiento es una herramienta poderosa para el aprendizaje; incluye la formación de conocimientos, el desarrollo de habilidades, el crecimiento personal y la determinación de las conductas éticas para desarrollar habilidades y actitudes."

Dios permite diversas pruebas para que sus princesas se entrenen, se fortalezcan y crezcan espiritualmente. Las pruebas forman el carácter de una mujer emprendedora. Las pruebas son la mejor herramienta de Dios para hacer crecer y prosperar a sus hijas de una forma integral. En el día a día hay emprendimientos que se pierden y otros que se ganan, pero Dios está presente siempre, ayudando a desarrollar principios en estos momentos de dificultad, como: la perseverancia, constancia y disciplina. Asimismo, el resultado es la adquisición de buenos hábitos.

"Hermanos míos, considérense muy dichosos cuando tengan que enfrentarse con diversas pruebas, pues ya saben que la prueba de su fe produce constancia y la constancia debe llevar a feliz término la obra, para que sean perfectos e íntegros, sin que les falte nada."

Paráfrasis - Santiago 1:2-4 NVI

En este pasaje bíblico, la palabra "perfectos" significa en el griego una persona madura. La constancia al aplicar la fe en Dios, en las diversas pruebas, lleva a la madurez e integridad en la conducta. Nada que hacer al respecto, para madurar, las mujeres emprendedoras van a ser probadas en esta tierra y llegarán a ser constantes y coherentes con la fe que profesan.

La madurez no la determina la edad de la persona, sino la constancia en la fe, frente a las diversas pruebas que se afrontan en la vida. Hay diversas pruebas que debe enfrentar una mujer emprendedora, una enfermedad, la muerte de un ser querido, falta de recursos financieros, quiebra de un emprendimiento, pérdidas de trabajadores talentosos, viudez, divorcios, amenazas, calumnias, persecución, robos, violaciones a su integridad, desastres naturales, etc. Por lo general, algunas de estas pruebas son decisiones de terceros en contra de ellas, pero en todas estas pruebas, Jesucristo es su Salvador.

He visto también que las mujeres emprendedoras entienden que sus empleados en sus labores diarias son más productivos en ambientes estimulantes, de palabras positivas y crean en sus empresas ambientes más de amor que de temor.

La mujer emprendedora con base en su relación diaria con Dios, en oración y lectura de la Biblia, obtendrá sabiduría, discernimiento y una visión bastante clara para llevar a cabo todo proyecto. Estas mujeres tienen visión de conquista, mentalidad ganadora, de heroísmo, de victoria y de vencedoras en Cristo Jesús.

Las batallas reales que libran las mujeres emprendedoras en este mundo, en el cual están de paso, no es contra las personas y su cultura, sino contra Satanás su adversario real, que "anda como león rugiente mirando a quien devorar." 1 Pedro 5:8 NVI

A ti mujer emprendedora te invito a que interiorices en tus dones, habilidades y talentos, con la finalidad de que empieces a desarrollar un plan de acción, para darle forma a tus sueños en la acción y ejecución.

A nivel mundial hay muchas mujeres emprendedoras, pero necesitamos aún más mujeres que sueñen en grande y se preparen para que Dios las ayude a pasar el desierto y puedan entrar a la tierra prometida a liderar en sus emprendimientos. Sueña en grande, porque Dios es grande, no te pongas límites.

Hay varias mujeres y hombres, que necesitan que alguien los lidere, y les den una oportunidad de trabajar. Sé tú, la que toma la decisión de ayudar a muchas mujeres, y hombres que necesitan a alguien que vea lo valiosos que son como personas, y crean en sus talentos, o les hagan ver lo talentosos que son.

Prepárate, capacítate, emprende y toma posesión de esta tierra que te ha dado Dios, él está contigo, te protege, te lleva a la victoria y no te abandonará hasta que cumpla sus promesas en ti.

"Yo estoy contigo. Te protegeré por dondequiera que vayas, y te traeré de vuelta a esta tierra. No te abandonaré hasta cumplir con todo lo que te he prometido."

Génesis 28:15 NVI

Una verdadera mujer emprendedora es aquella que se deja dirigir por Dios. ¿Qué mujer no desearía serlo? Podrás contar con un poco de ayuda, motivación y sabiduría para mejorar y renovar la forma de ser en tu vida, con el objetivo de contribuir al cumplimiento de tus emprendimientos, en este capítulo te daré algunos consejos sencillos de acuerdo a Proverbios 31:10.

Debemos tener presente que la relación con Dios es la llave principal para alcanzar tu emprendimiento. La intimidad y relación con Dios es la llave para todo en la vida, incluso los negocios, el matrimonio, la amistad, el convivir a diario con otro etc. Debemos crecer en el Señor. Es decir, instruirse en todo lo que Dios el Padre Celestial, tiene en su corazón para enseñarnos.

Como puedes ver, Dios y solo Dios posee el libro de instrucciones para tu vida, y lo ha puesto a tu disposición. Él sabe lo que hará que funcione, y por medio de la palabra escrita en la Biblia donde está contenida su sabiduría, él nos dota de entendimiento. Dios está presto para enseñarnos acerca de nuestro rol como emprendedoras, esposas, amigas, madres, consejeras, mujeres virtuosas y otros muchos roles que las mujeres llevamos a cabo.

¿Cómo crecemos en el Señor con Proverbios 31:10?

La respuesta es: Colocando a Dios primero, de esa manera se produce el crecimiento espiritual. Y la forma más conocida de colocar a Dios primero es buscarle en su intimidad, orar, leer su palabra, la biblia, y obedecerla, para poder entender su consejo para nuestra vida.

Pasos para que tu emprendimiento sea de ÉXITO:

Ten en cuenta que todos son precisos para crecer en el Señor. No existen atajos.

Paso- 1.- Leer la biblia

Evidencia por medio de la lectura de la Biblia lo que Dios dice acerca de tu vida y de la manera como él quiere que vivas. ¿Cómo lograr que esto suceda? Escuchando lo que el corazón de Dios expresa en su Palabra, leyendo y meditando en enseñanza del libro viviente. De esta manera, podrás discernir a cerca de sus mandatos y estatutos. Para alcanzar la virtud de su corazón, y ser una mujer sabía conforme a Proverbios 31:10

Paso- 2.- Mujer de oración

Es fundamental convertirte en una mujer de oración, ya que esto te hará sensible a escuchar la dirección de Dios en tu vida, y te dotará de consejos sabios y de prudencia.

Paso- 3.- Practicar la conducta cristiana

En este paso debes poner en práctica lo que ya sabes discernir en cuanto a la voluntad de Dios para tu vida. Aquí pones tu conocimiento en acción.

Paso 4.- Manifestar los frutos del espíritu

Desarrollarás los frutos del Espíritu Santo, ser afable, prudente, con templanza, amorosa y aprender a escuchar antes de responder.

Examina la condición de tu corazón

Ahora bien ¿Estás fuerte en la fe... o estás débil? ¿Tienes un corazón apasionado... o quizás has perdido su vehemencia? Una mujer, virtuosa conforme al corazón de Dios es alguien que le busca con fuerzas, firmeza y le sigue de cerca (ver Salmos 63:8). En consecuencia, el orar y reconocer las áreas débiles o pecaminosas en tu andar diario con Dios puede dirigirte a un mayor crecimiento.

Dios quiere que aumentemos los músculos espirituales de manera que podamos fortalecernos de manera proporcionada para poder afrontar los poderes de este mundo, y así poder resistir las presiones. Esto con el fin de enseñarnos la mansedumbre; que es una virtud que Dios nos demanda, una mujer emprendedora debe saber responder adecuadamente ante cualquier problema, lo hace primeramente orando y recibiendo la fortaleza de Dios.

¿Cómo es tu situación actual, tu madurez espiritual, y los frutos del espíritu en tu ritmo de vida?

Si existe en ti un anhelo apasionado de crecer conforme a Proverbios 31:10, de conocerlo de manera más profunda e íntima, de ser una mujer emprendedora de éxito entonces debes esforzarte por agradar a Dios, y debes vivir conforme a sus propósitos, de tratar de parecerte más a Cristo, reconocer, afrontar, vencer hábitos o conductas erradas y pecaminosas... entonces esa será la señal de que tu corazón está dispuesto y sensible para crecer en el Señor según Proverbios 31:10.

¿Qué significa ser una mujer virtuosa?

La mujer virtuosa es aquella que conoce sus emociones; sin embargo, sabe utilizar su razón para moderar sus reacciones. Es una mujer que camina por la sabiduría en lugar de la imprudencia. Es un principio bíblico del libro de los Proverbios, debes aplicarlo en tu vida, para poder ser una mujer emprendedora de éxito.

Proverbios 31:10 Mujer virtuosa, ¿quién la hallará? Porque su estima sobrepasa largamente a la de las piedras preciosas.

Dos fundamentos del versículo Proverbios 31:10

1.- Cuando alcanzas la comprensión de Proverbios 31:10, tienes el comportamiento de una mujer que entiende que la hermosura auténtica está en su interior. La hermosura que está afirmada es virtuosa, ya que este tipo de hermosura se desarrolla a partir de tener la identidad marcada en Dios.

La virtud y la belleza interna están enlazadas. Si determinas practicar la vida de una mujer virtuosa, esto ocasionará que seas una mujer hermosa.

2.- Debes permitir que la belleza exterior refleje la belleza del interior. Conservar la hermosura del interior no conlleva que no puedas ser bella por fuera, incluso la belleza es equilibrada, de manera que, si eres bella por dentro, es importante que cuides el cuerpo para que puedas estar saludable y te sientas a gusto contigo misma.

Características de una mujer emprendedora fundamentadas en Proverbios 31:

1. Es servicial:

Una mujer emprendedora se comporta de manera servicial para con los demás. Claro que no debes olvidar tus diferentes necesidades, debes reconocer considerablemente las necesidades de las demás personas y estar siempre dispuesta para suministrar esas necesidades.

2. Es hospitalaria, cortés y generosa:

Una mujer que es hospitalaria, cortés y generosa. La virtud de la cortesía va más allá de palabras suaves y sonrisas gratas. Para ser efectivamente amable con cualquiera persona, necesitas acercarte a esa persona con un genuino espíritu de servicio.

3. Es responsable

Es una mujer responsable, que cumple con sus tareas. Es quien cumple terminando a tiempo cualquier actividad, tarea u oficio que tiene en agenda, de manera inmediata sin dejar las cosas para después.

4. Es buena administradora.

Es una mujer que usa el dinero prudentemente. No deberás ser irresponsable con el dinero ni gastarlo innecesariamente, el saber administrar es una gran virtud.

5. Es organizada

Debes saber utilizar el tiempo con prudencia, y de manera organizada. Es necesario tener un tiempo para poder relajarte, sin embargo, ser activa en lugar de tener un comportamiento perezoso es realmente una virtud indispensable, de buen mirar ante los demás.

6. Camina en fe

Una mujer que camina con su fe en Dios todo el tiempo y en todo momento, está practicando un principio de reino que ayuda en la búsqueda de la virtud, directamente desde la sabiduría, y consejo de nuestro Señor Jesús.

7. Es receptiva

En lugar de obedecer sus propias opiniones tercamente sin tener en cuenta si está en lo correcto o no, debe mostrarse abierta a la crítica y escuchar los consejos.

8. Debes cultivar la razón.

La naturaleza de la mujer; seres muy emocionales y la gran desventaja de las emociones no equilibradas, es que ciegan o perjudican la razón. Una mujer emprendedora distingue sus emociones, pero sabe utilizar correctamente la razón para moderar sus reacciones.

Tomar la determinación y el compromiso a una vida virtuosa es realmente importante para cumplir con el propósito de Dios en la Tierra, es necesario que te preparares para una vida llena de la sabiduría del Padre Celestial. Una vida virtuosa no se puede alcanzar en pocos días, pero puedes iniciar la verdadera virtud como un estilo de vida continuo, hasta alcanzar el carácter de Cristo genuinamente.

5

Herramientas para Emprender

5

Herramientas para Emprender

Si estás pensando ser parte de las mujeres emprendedoras, ya que tienes una idea de emprendimiento, primero ten en cuenta que serlo involucra muchas cosas, pero las actitudes que te describo a continuación, son fundamentales:

- Debes ser trabajadora, organizada, con un manejo infalible del tiempo, identificar lo urgente y lo relevante.

- Y más aún si tienes un hogar e hijos: En este caso la palabra mágica es ¡EQUILIBRIO! Y dedicar espacio de calidad a todos los frentes que tienes y a ti misma.

- Debes tener corazón fuerte y una cabeza puesta en su lugar con mucha claridad y convencimiento de lo que quieres. Desde ya te digo que ¡No es fácil! Pero tampoco imposible; la actitud ante las barreras, problemas u obstáculos, es fundamental.

- Debes aprender a expresarte con fluidez, si no lo sabes hacer. Practica tu discurso de 30 segundos de tu emprendimiento, de lo que ofreces y de lo prometedor que es.

- Ser abierta con escucha activa y asertiva; debes aceptar críticas, aprender que los terceros tienen percepciones distintas porque no son los protagonistas principales de la historia y por ende no tienen vicios en sus opiniones ni consejos.

- Hay un proverbio japonés que dice "Si te caes 7 veces, levántate 8". Valor principal que deben tener las mujeres emprendedoras es la Resiliencia.

El mundo cambia constantemente, es dinámico y nosotras mismas formamos parte de ese cambio, es importante liderarlo y gestionar las competencias necesarias para ser una mujer emprendedora.

Sin embargo, debes conocer las 3 barreras más comunes para las mujeres emprendedoras:

- La Visión del emprendimiento y las oportunidades que ella observa.

- Falta de conocimientos y habilidades

- Miedo al fracaso como un obstáculo para emprender

Por esto, aquí te dejo herramientas que te ayudarán a derribar esas barreras y salir adelante con tu idea de emprendimiento.

1. Busca y muestra el talento que posees

Las estadísticas indican que, a la hora de emprender, las mujeres (44%) tienen más miedo a fracasar que los hombres (39%).

Si bien es cierto, y es absolutamente normal, tenemos herramientas para revertir ese miedo.

¡Empodérate de tu esencia! De lo que eres y de los conocimientos y habilidades que tienes, esto es fundamental al momento de iniciar tu proyecto de emprendimiento. Todas tenemos talentos, pero debemos darle el valor y lugar que corresponde.

Hay que entender qué somos, y cuál es el objetivo que queremos lograr, fijarnos las metas y las estrategias para lograr vender "eso" para lo cual "soy buena".

¡No tengas miedo de hacerlo!

No debes dejar que el pánico te invada al momento de poner en marcha tu idea emprendedora. Si el emprendimiento "opción A" no funciona, luego de analizar y hacer las investigaciones necesarias, busca una "opción B" o a una "C".

Si deseas iniciarte en el mundo del emprendimiento, es fundamental:

2. Desarrolla el plan estratégico y el modelo de emprendimiento

Evidentemente, si quieres emprender debes desarrollar el Modelo de Emprendimiento de tu idea; pero es fundamental en ese modelo de emprendimiento, el apartado estratégico.

Te recomiendo que desarrolles esta "Clave" siguiendo los siguientes pasos:

Paso 1: Ejercicio estratégico personal, validación de la autoestima y del autorreconocimiento: es fundamental que te conozcas, desde ¿Quién eres?, ¿Cuál es tu propósito de vida?, ¿Qué fortalezas y debilidades tienes?, ¿Qué es lo más importante para mí?, ¿Cómo te observas?, ¿Cuál es tu misión, visión y valores?

Recomendación: aplica la técnica del espejo para desarrollar este ejercicio.

Paso 2: Ejercicio estratégico de tu idea de **emprendimiento** (plan estratégico): Desarrollar la metodología del plan estratégico para identificar los aspectos esenciales del emprendimiento: **misión, valores,** objetivos, metas y estrategias que utilizarías para poner en marcha tu proyecto. Por lo general el plan estratégico **del emprendimiento y el proyecto de vida** tienen muchas cosas en común.

Paso 3: Desarrolla el modelo de **emprendimiento**, donde debes colocar el apartado estratégico, la identificación de mercados, características comerciales (producto, precio), acciones de marketing digital, proyección financiera y procesos a realizar.

Recomendación: Toma en consideración definir las posibles ayudas y subvenciones a las que puedas optar, ya que una de las barreras percibidas como más importante a la hora de arrancar un emprendimiento es el acceso a la financiación.

3. Busca y define tu ventaja competitiva

Una vez que escojas el producto o servicio y definas el mercado al cual quieres dirigirte, debes buscar diferenciarte, y por lo general, en el inicio de un proyecto de emprendimiento, la diferenciación no solo la da el producto y servicio, sino en mayor proporción tu propio Yo, quién eres, cómo eres.

Debes reflejar en tu comportamiento y acciones competencias fundamentales.

Existen habilidades y competencias que debes tener en cuenta para desarrollarte profesionalmente como mujer emprendedora en los próximos años; la práctica de ellas te aportará valor añadido que junto, a la excelente idea de emprendimiento que puedas tener, completará tu diferenciación y por ende tu ventaja competitiva.

Estas competencias y habilidades son:

- Flexibilidad Cognitiva
- Negociación
- Orientación de servicio
- Juicio y toma de decisiones
- Inteligencia emocional
- Coordinación con los demás
- Manejo de las personas
- Creatividad
- Pensamiento crítico
- Resolución de problemas complejos

También es importante entender y aceptar que no siempre tomaremos las decisiones correctas. Por lo que debes entender que equivocarse no es lo contrario al éxito, es parte del éxito.

4. Formación y capacitación

¡Debes formarte!

No hablo del certificado profesional que tengas o desees tener; me refiero a la formación diaria que debes proveerte para que puedas crecer y mantenerte como mujer emprendedora, debes desarrollar competencias relacionadas con:

- Liderazgo y desarrollo de trabajo en equipo o colaborativo

- Autoconocimiento: debes desarrollar el hábito del autoconocimiento, leer, relacionarte en redes sociales con personas o instituciones que te aporten información valiosa., etc.

- Servicio al cliente: Orientación al cliente; debes saber comunicarte asertiva y empáticamente.

- Debes mantenerte en estudios de educación continua en temas relacionados a tu emprendimiento.

5. Emprende en un mercado que necesite y demande tu propuesta

No importa si deseas ser fabricante de algo o una prestadora de servicio; lo que importa es identificar las oportunidades de posicionamiento comercial que puedas tener con ese producto o ese servicio, y eso se basa en la necesidad real que exista en el mercado.

¡También, ayúdate a diferenciarte!, debes asegurar que personalmente le das al mercado, lo que como emprendedora, te demanda.

Te doy algunos consejos:

- Confía en tus ideas; recuerda que vendes lo que proyectas. Si confías y crees en lo que eres, también debes ser capaz de medir el impacto de lo que haces para que puedas retroalimentarte y mejorar.

- Transfórmate en líder: pero líder social, de impacto comunitario, genera ideas, comparte, comprométete y recuerda que ser líder es darse a los demás.

- ¡Pero cuidado! Con convertirte en una mujer "ególatra" y "yoista" en tus acciones y logros.

- Utiliza las nuevas tendencias comunicacionales

- Busca siempre la excelencia en todo lo que digas y hagas

6. Desarrolla tu marca personal y hazte visible

Es importante que potencies tu marca personal y salgas al mundo.

Aunque soy de las que opina, que todos tenemos marca personal de antemano, por ser seres humanos y tener un nombre, la metodología de marca personal es un concepto que persigue la diferenciación individual para conseguir el éxito profesional.

Desarrollar una marca personal consiste en que destaques todas las fortalezas y características que te distinguen.

Con los 5 apartados anteriores estoy segura de que descubrirás todas las fortalezas y virtudes que posees y podrás rápidamente impulsar tu idea de emprendimiento y ponerla en marcha; importante señalar que una vez que decidas hacerte pública, tienes que tener claro que el manejo de la reputación es fundamental.

7. Por último, pregunta, toma consejo y escucha

Piensa en una lista de allegados, familia y amigos que te quieran, aprecien y que estés segura de que desean lo mejor para ti. Recuerda, en este momento necesitas gente positiva a tu alrededor, que te sume y aporte.

Reúnelos, pídeles ayuda comparte un café, un té, y cuéntales de tu idea, de lo que quieres hacer, que te critiquen positivamente, te aconsejen y te validen tu idea de emprendimiento. Ese es el mejor *focus group* que puedes tener.

Te doy consejos para que hagas un buen encuentro:

- **Define los objetivos de la reunión:** Antes de empezar a organizar el "*focus group*", debes definir claramente cuáles son tus objetivos, y cuál es la información que quieres obtener.

- **Envía la invitación formal:** diseña algo bonito, llamativo que exprese claramente qué quieres hacer. Deben conocer los objetivos y la información necesaria para que puedan organizarse bien. Un buen número puede estar en torno a los 10 u 12 participantes.

- **Motívalos a ir:** Puedes realizar un concurso al final donde se ganen quizás una muestra de tu producto, o alguna otra cosa que les dé alegría tenerla y les parezca divertido.

- **Selección del entorno idóneo:** Si decides hacerlo de manera física, debes cuidar el espacio donde se vaya a llevar a cabo el encuentro. Busca una sala cómoda, amplia y acogedora, si es posible con ambiente informal, para que los participantes se sientan más cómodos y menos cohibidos.

- **El moderador:** No seas tú la moderadora: Selecciona a una persona que posea aptitudes de líder, y facilidad para hablar en público, coméntales los objetivos para poder formular las preguntas de manera clara, y conseguir dirigir al grupo hacia donde interesa.

- **Escribe el guion que usará el moderador:** de forma tal que se evite la dispersión en tu reunión.

- Una vez concluido, agradece, toma nota de todas las cosas que te dicen, escucha asertivamente, y empatiza con cada una de los comentarios, consejos y opiniones que te den.

Recuerda que para eso estás haciendo esta reunión, son tus amigos y familia que te quieren y desean lo mejor para ti.

Ser mujer emprendedora es ser una mujer valiente que lucha todos los días para que sus sueños se cumplan, caracterizada por un espíritu activo y positivo que la lleva a asumir riesgos y compromisos, desafía al mercado y al sistema, se levanta y vuelve a empezar asumiendo los inconvenientes y fracasos como aprendizajes.

Por si no has comprendido con exactitud cómo es una mujer emprendedora, te dejo 8 claves que debes construir:

- Perseverancia

- Intuitiva

- Responsable

- Inspiración

- Integración con los que te rodean y ayudan

- Fortaleza

- Equilibrio

- Metódica

Quiero concluir este capítulo felicitándote por haber adquirido este libro y haber leído hasta aquí, ya que si lo has hecho es porque tienes el interés de emprender y de aprender qué es y cómo ser una mujer emprendedora de éxito.

Si es así, y puedes poner en práctica mis recomendaciones, mi sugerencia es ¡HAZLO!

Y si fracasas, inténtalo de nuevo. Eso te hará muy feliz... ¡No dejes para mañana lo que puedes hacer hoy!

6

Perfil de una Emprendedora

6

Perfil de una Emprendedora

«Toda la Escritura es inspirada por Dios, útil para enseñar, para reprender, para corregir, para instruir en justicia, a fin de que el hombre de Dios sea perfecto, enteramente preparado para toda buena obra.» 2 Timoteo 3:16-17

Si hay éticas laborales que no van de acuerdo a la Palabra de Dios, aunque ante los ojos del mundo estén correctas, no las aceptemos. Sé que puede ser aterrador porque podemos pensar que las personas no querrán hacer negocios con nosotras, pero la realidad es que hay personas en el mercado que valoran la honestidad y una empresa con límites, a pesar de que no siempre lo entiendan. Eso será parte fundamental al establecer nuestra credibilidad porque se darán cuenta de que no estamos dispuestas a construir nuestro emprendimiento a base de sacrificar nuestros valores.

Me llena de satisfacción saber que la Biblia no es un libro caducado, que sirve como guía espiritual, pero también como guía práctica. Como dice el versículo que compartimos al comienzo de este capítulo, a través de la Escritura Dios quiere prepararnos para todas buenas obras y nuestros emprendimientos son parte de ello.

Ahora detallaremos más a fondo el perfil que debes tener como mujer emprendedora:

1. Ser más generosa

«El alma generosa será prosperada.» (Proverbios 11:25a). No debería ser una sorpresa que una mujer emprendedora debe ser generosa. Nuestro emprendimiento será una herramienta que Dios utilizará no solo para prosperarnos, sino también para bendecir a otros. En nuestra mente siempre debe estar presente la pregunta, qué puedo compartir con los demás y cómo puedo ser intencional acerca de dar.

Aparte de esto, también es algo que funciona en la mente de nuestros clientes y potenciales clientes. Estamos en una era donde el consumidor está buscando valor agregado en el producto, pero también valoran una buena imagen y percepción de la marca o negocio. Las personas están más dispuestas a establecer una relación comercial con alguien si entienden que su propósito no es únicamente generar ganancias.

2. Ayudar más

«Servíos por amor los unos a los otros.» (Gálatas 5:13b). Esta idea de ayudar más viene de tener una disposición de servir a los demás. Como mujeres emprendedoras debemos tener un corazón para servir. Cuando vamos a iniciar un emprendimiento debemos preguntarnos si tenemos la intención de hacer algo por los demás de manera desinteresada y de aliviar su carga.

3. Sea firme

«No os conforméis a este mundo, sino transformaos por medio de la renovación de vuestro entendimiento.» (Romanos 12:2). La idea de esto no es ser controversial, sino, ser genuinas. No porque todos estén haciendo o aceptando alguna tendencia significa que nosotras debemos hacerlo. Dios nos está llamando a ser separadas para Él, a seguir su Palabra y estatutos, y no debemos intimidarnos por la multitud.

4. Llamada a hacer la diferencia

Dios no solamente llama a misioneras y ministras para hacer su obra, sino también nos llama a todos a ocupar distintos roles en servicio para Él, como es el caso de ser "emprendedoras". Este llamado puede ir cambiando durante nuestra existencia, pero usualmente es consistente con nuestros dones individuales y específicos. Las mujeres emprendedoras están conscientes de su llamado a establecer y liderar empresas y organizaciones que están diseñadas para obtener logros en el mundo de los emprendimientos; pero también lo hacen sabiendo que son lideradas por el Espíritu de Dios. El objetivo es desarrollar un nuevo entendimiento que entrelace nuevas tendencias de excelencia de negocios y empresariado con una perspectiva bíblica. Un nuevo paradigma donde el ser emprendedora no te excluya del modelo bíblico de Dios para la mujer.

5. Posicionadas por Dios

La Biblia pone mucho énfasis en dones espirituales. Sin embargo, muchas mujeres emprendedoras creen que uno de los dones que les fue dado es la posición en que Dios las ha puesto. Ya sea por nacimiento, por capacidad, por ubicación geográfica, por circunstancias varias de la vida, la mujer emprendedora tiene la oportunidad de crear algún tipo de emprendimiento que logra llenar alguna necesidad de algún grupo de personas. La mujer emprendedora NO está ciegamente dirigida por ambición sabe que ha sido puesta allí por Dios para cumplir ciertos objetivos o llamados a través de su emprendimiento.

6. Visionarias

Al estar en esa posición particular que Dios las ha puesto, las mujeres emprendedoras desarrollan ciertas visiones específicas del futuro las maneras como las cosas podrían o deberían ser para los clientes, proveedores, empleados, la familia y la comunidad. Luego de un período de tiempo, esta visión crea un fuerte compromiso que permite soportar y sobreponerse a un sinfín de adversidades e incluso caídas. A través de Dios, la mujer emprendedora es empoderada por esta visión. Aunque a veces es confuso, la dedicación y perseverancia permite ver a la mujer emprendedora esta visión desarrollarse ante sus ojos o darle las pautas para redirigirse o cambiar de estrategia.

7. Dispuesta a tomar riesgos

La mujer emprendedora está clara en que los emprendimientos requieren de grandes compromisos. Generalmente, la información es insuficiente como para poder justificar o apoyar cada decisión. De esta manera las mujeres emprendedoras se vuelven tomadoras de riesgos calculados. Las mujeres emprendedoras son atraídas por una vida de aventura en el servicio, pero reconocen que el precio de la aventura puede tener caídas y decepciones ocasionales.

8. Liderazgo de servicio –provee valor al consumidor

Las mujeres emprendedoras del siglo XXI reconocen que el mundo ha cambiado a lo que llamamos una "*masscustomization*", el internet y la globalización han tomado muchas ideas y las han difundido rápidamente y puesto en práctica por todo el mundo en corto tiempo. El concepto no es la emprendedora contra el mundo, sin no la emprendedora con un grupo de socios y empleados comprometidos a servir al mundo y adaptarse a los cambios. La mujer emprendedora no puede ser todo para todo el mundo, pero en lo que hace, debe construir un emprendimiento altamente focalizado que sirva a algunos grupos de manera excepcional.

9. Liderazgo relacional

Lejos están los tiempos en que una emprendedora solitaria podía lograr muchas cosas en su soledad. La mujer emprendedora está consciente de que el mundo se adapta y cambia rápidamente y necesita de múltiples talentos para avanzar los cuales encuentra en la gente que colabora con ella, ya sean sus empleados, socios, proveedores e incluso clientes. Las mujeres emprendedoras deben poner sus relaciones interpersonales en las prioridades de su lista. Deben escuchar, ser empáticas, entender y apoyar en todos los niveles para consolidar equipos fuertes, consumidores satisfechos y lograr juntos realizar la visión de manera compartida.

10. En el mundo pero no en el mundo

El mundo usualmente caracteriza a las mujeres emprendedoras como materialistas, sin valores y avaras, lo cual en muchos casos es cierto. La mujer emprendedora debe recibir de manera agradecida los beneficios materiales que vienen como resultado de un buen trabajo y el desarrollo de un buen emprendimiento. Busca ser eficiente, eficaz, rentable, servicial, reconocida por sus buenos productos y servicios y por el trato con su gente. Sin embargo, los logros materiales son siempre secundarios al llamado y la visión establecida. Con este compromiso la mujer emprendedora desarrolla un fuerte carácter moral y de valores más altos que una simple ganancia a costa de todo.

7

¿Cómo ser una emprendedora exitosa?

7

¿Cómo ser una emprendedora exitosa?

El trabajo es fundamental en la vida de todas nosotras, Dios así lo ha querido y gran parte del tiempo se nos va en ese lugar físico y emocional que consume las horas de nuestra semana.

De hecho, la mayoría de nosotras pasamos más tiempo en el trabajo, que en casa con la familia y los amigos, por lo que su influencia en nuestras vidas es grandísima. Es más, cuando nos preguntan "qué somos", respondemos indicando nuestra ocupación, señalando que somos profesoras, oficinistas, médicos, etc.; y pocas nos animamos a decir: yo soy esposa, madre, amiga, ministra, desempleada. Pues no, respondemos con aquello que hacemos alrededor de cuarenta horas a la semana o más.

Al parecer, el trabajo nos define como personas, nos ayuda a explicar quiénes somos. Esto es muy lindo siempre y cuando nuestro trabajo coincida con nuestra vocación, con nuestro verdadero llamado y con aquello para lo que Dios nos ha creado. A veces, no manejamos los mismos valores que aplicamos en la vida familiar al campo laboral. No es raro que en el trabajo nos comportemos de una manera y en casa, de otra. Con frecuencia, en nuestro centro de labores "nos contagiamos" de comportamientos que afectan profundamente nuestra vida.

A continuación te comparto principios importantes que debe llevar a cabo una mujer emprendedora exitosa:

I. No ames a tu emprendimiento por encima de Dios

Recuerda que tu habilidad, las puertas abiertas y la prosperidad de tu emprendimiento serán un producto directo de la gracia de Dios sobre tu vida. Por eso, ningún negocio, empresa u ocupación, deben tomar el lugar de Dios. Lo mejor de tu tiempo y de tus fuerzas deben ser primeramente dedicados al Señor.

II. Tratarás con respeto y dignidad a tus empleados

La Biblia dice que tenemos que tratar a todas las personas como superiores a nosotros mismos (Filipenses 2). Por eso, como jefa o dueña de negocio debes siempre tratar a tus empleados con dignidad. Recuerda que eres testimonio del Señor delante de tus trabajadores, sean creyentes o no.

III. Cuentas y expectativas claras

Es importante mantener las cuentas claras con toda persona. Las expectativas para cualquier transacción o negocio, deben estar claras y si es posible plasmadas en papel para evitar malos entendidos. Aun con los empleados (si los tienes) se deben establecer claramente cuáles son sus responsabilidades desde el comienzo. Desde el inicio es crucial que todos sepan cuáles son las expectativas de ambas partes.

VI. No harás negocios ilegítimos, ni procures sacar ventajas de ninguna forma.

La Biblia enseña que el premio y la recompensa llegan como consecuencia de haber "luchado legítimamente" (2 Timoteo 2:5). Debes tener temor de Dios y nunca sacar ventaja de cualquier tipo. Conduce todos tus negocios con integridad y rectitud, sabiendo que Dios honra la justicia (Salmos 37:6)

V. Testificarás de tu fe

Recuerda que más allá del beneficio económico que puedas darle a un empleado o del beneficio que te dé un cliente, la salvación es lo más valioso que tenemos para ofrecer. Por eso debes aprovechar las oportunidades para predicar el evangelio y para aconsejar a aquellos que lo necesitan.

VI. Serás testimonio

En todo momento debes exhibir el carácter de Cristo. Delante de tus empleados, clientes y proveedores eres un testimonio de Dios. En tu forma de tratar a las personas, en la manera como te conduces, en la forma como resuelves conflictos y cuando estas bajo presión, no debes olvidar que eres una hija de Dios.

VII. Excelencia en lo que ofreces

Sea que ofrezcas un servicio o vendas un producto, debes demostrar excelencia en todo lo que haces. La calidad de tu trabajo, será determinante para el éxito de tu negocio. Recuerda que eres una extensión de Dios y el producto que vendes o el servicio que ofreces deben ser testimonios de ello.

VIII. Honra a quien honra merece

Es importante honrar a aquellos que contribuyen con el crecimiento y el desarrollo de tu negocio. Sea un proveedor que te presta un buen servicio o un empleado quien va "la milla extra". Cuando eso sucede debes celebrar, honrar y reconocer lo que hacen. Para este efecto, puedes dar algún presente o un detalle. Cuando se trata de tus empleados es valioso que estés pagándoles un salario digno.

IX. Cumplirás con todos tus compromisos laborales y contratos

Tu palabra y tus promesas deben ser cumplidas a cabalidad. Cumplirás con tus contratos, aún si eso representa una pérdida de dinero. Por encima del beneficio monetario, está el buen nombre y la reputación de tu emprendimiento. El rey Salomón decía "De más estima es el buen nombre que las muchas riquezas y la buena fama más que la plata y el oro" (Proverbios 22:1).

Seguramente tienes ya una rutina establecida para vivir tú día a día, ¿Pero te has preguntado cuáles son los hábitos diarios que realizan las mujeres emprendedoras exitosas?

Muchas veces actuamos de forma automática y nos preguntamos porque si todas tenemos las mismas capacidades, unas mujeres son más exitosas que otras. Pero la diferencia está en esos hábitos que esas mujeres emprendedoras tienen en claro y practican todos los días y que tú no lo estás haciendo.

Si no adoptas estos hábitos estás dejando por fuera la oportunidad de ser una mujer emprendedora exitosa.

1. Tener disciplina

La diferencia entre una emprendedora exitosa y la que no lo es son sus prácticas diarias. Las mujeres exitosas siempre tienen una rutina diaria con metas establecidas. La disciplina te genera equilibrio en cualquier área, si no hay disciplina no hay orden y si no tienes orden pues no tendrás los resultados que deseas.

2. Ser agradecida

Las emprendedoras exitosas son personas agradecidas y se toman el tiempo necesario para fortalecer las relaciones con otras personas. Afianzan amistades y se ofrecen a apoyarlos sin esperar a recibir algo a cambio. El vivir día a día con agradecimiento es definitivamente algo poderoso.

3. Ser generosa

Generosidad es tener un corazón dispuesto a brindar ayuda cuando alguien te necesita y definitivamente las emprendedoras exitosas están dispuestas a dar lo que a los demás les hace falta. Cuando dedicamos nuestra vida a servir a los demás nos sentimos más plenas.

4. Tener un propósito de vida

Todas las emprendedoras exitosas tienen claro cuál es su propósito en la vida. Esto les ayudará a darle sentido a todo permitiéndoles proyectarse y saber hacia dónde quieren ir. Cuando sientas que tu vida es digna de ser vivida y te sientas satisfecha con lo que haces, entonces ya habrás encontrado tu propósito.

5. Levantarse temprano

Para obtener los resultados de la élite del 5% debes empezar a hacer lo que el 95% de la gente no está dispuesta a hacer, levantarse temprano. Al levantarte temprano puedes aprovechar el tiempo para tu crecimiento personal como lo es; hacer ejercicios, orar, leer, mientras la gente duerme tú vas unas horas más adelantadas.

6. Leer diariamente

Un hábito que definitivamente tienen todas las mujeres emprendedoras, es el de la lectura. El hábito de la lectura es crucial para desarrollar conocimiento en todas las áreas, es crucial también para crear nuevos hábitos, para desarrollar la capacidad de expresarte y de comunicarte. Las mujeres emprendedoras exitosas dedican alrededor de 30 minutos diarios a enriquecer su mente por medio de la lectura.

7. Ahorrar mensualmente

Las mujeres emprendedoras exitosas evitan gastar en exceso y, por supuesto endeudarse. Ellas ahorran entre un 10% y un 20% mensualmente en su cuenta de ahorros, inversión o plan de retiro.

8. Tener equilibrio

Llevar una vida balanceada es uno de los hábitos que tienen las mujeres emprendedoras exitosas. Saben equilibrar sus vidas entre el trabajo, sus relaciones y el placer.

9. No posponer

Jamás dejan para mañana lo que deben hacer hoy. Por eso planifican sus días con anterioridad y se sujetan a ese plan.

10. No endeudarse

Las mujeres emprendedoras exitosas evitan constantemente gastar en exceso. Ellas nunca gastan más de lo que ganan, por lo tanto, no tienen deudas.

¿Pueden ser los valores un obstáculo en el mundo del emprendimiento?

Por el contrario, son una garantía de éxito y valores con futuro para el emprendimiento. La fe hace posible vivir mejor. Le da sentido a la vida, a las pruebas y a los conflictos.

Se convierten en puntos de apoyo para transformarnos y crecer espiritualmente. Los valores bíblicos ayudan a manejar mejor las relaciones y la vida en el trabajo.

Los problemas comienzan cuando el dinero, no Dios, se convierte en el fin de la empresa. No abogo por las empresas con pérdidas, pero el dinero no debe hacernos perder de vista lo esencial. Hay que encontrar un equilibrio.

El tamaño del emprendimiento es importante. Cuanto más grande sea, más difícil es. La vida profesional debe estar marcada por un mayor grado de sabiduría. **¿Y qué podría ser más sólido que la sabiduría divina?**

Sin embargo, el emprendimiento tiene sus imperativos: estrategia, éxito, eficiencia. **¿Cómo mantenemos los valores bíblicos en nuestro emprendimiento?**

«Dad al César lo que es de César...». Depende de nosotras manejar el mundo visible, y para hacerlo, debemos ser hábiles. Jesús reprochó a los «hijos de la luz» ser menos sabios que los «hijos de este siglo».

Reconocer la existencia de César no nos invita a desatender nuestra dimensión espiritual.

Todo consiste en discernir lo que es correcto, confrontando los diferentes componentes de nuestro ser: nuestro ego y nuestra profunda aspiración como hijas de Dios.

Desarrollar emprendimientos a la manera de Dios incluye cuatro conceptos básicos que te ayudarán a avanzar como mujer emprendedora exitosa.

1. Utiliza la Biblia como herramienta de aprendizaje

El primer concepto básico es la utilización de la Biblia como herramienta de aprendizaje para que los principios de Dios creen, expandan y mantengan cualquier emprendimiento en esta Tierra. Con la Biblia, adquirimos el poder natural dentro de nosotras para desarrollar la luz brillante que Dios nos da en el éxito, la prosperidad y el amor.

Conforme Dios te revele en detalle Sus principios, debes seguir un plan de negocios tradicional para mantener la idea del emprendimiento.

Recuerda: "Da al César lo que pertenece al César, y da a Dios lo que pertenece a Dios." Con esta frase, Dios potencia y te permite cumplir con las fuerzas de los métodos de negocios tradicionales, usando Sus principios para controlar el éxito de tu destino y el éxito general del Reino.

2. Se trata de Él, y para Él

El segundo concepto básico reconoce y acepta que todo se trata de Él, y para Él.

Para decirlo simplemente, nuestras formas tradicionales de hacer emprendimientos no funcionan para nosotras. Durante la aplicación del segundo principio básico, serás recompensada con el poder de Dios.

Las ideas creadas por nuestro ego y planes de negocios atenuados que hacemos por nuestra cuenta no nos llevarán al lugar de la bendición, donde tendremos una vida abundante en gloria. Dios nunca tuvo la intención de que pudiéramos "manejar" la vida por nuestra cuenta, sino que la diseñó de tal manera que debemos depender de Él.

Compromete tus obras al Señor, y tus pensamientos serán establecidos. El Señor ha hecho todo por sí mismo, sí, incluso los malvados para el día de la perdición.

(Proverbios 16:3-4 NKJV)

Hacer negocios para Él es el secreto más expuesto, pero oculto en la Tierra, de hacer negocios a la manera de Dios. Las bendiciones de Dios son un empoderamiento sobrenatural de Su bondad y amor por ti. Quiere llevarte a otro nivel de gracia, amor, abundancia y éxito.

Cuando hacemos cualquier emprendimiento por Él, Él se superará a sí mismo cada vez, ya que está revelándonos las ideas, y dándonos las herramientas, talentos, habilidades y recursos necesarios para recibir abundancia del Cielo.

Nuestro Creador es increíble. Quiere que vivamos en la plenitud de la bendición. Ungió nuestra cabeza con el aceite sagrado e hizo que nuestra copa se desbordara para bendecir a los demás.

A medida que recibas una conexión directa con Dios, Él te moverá de apenas tener éxito en los emprendimientos a tener más que suficiente. Presentará y abrirá puertas de una manera sobrenatural. Posicionará tu nombre con las personas adecuadas, en los lugares correctos y en el momento adecuado.

Ahora a Aquél que es capaz de hacer sumamente abundante por encima de todo lo que pedimos o pensamos, de acuerdo con el poder que obra en nosotros, a Él sea la gloria en la iglesia por Cristo Jesús a todas las generaciones, por siempre y para siempre. (Efesios 3:20-21 NKJV)

El poder que obra en nosotros es nuestro deseo de conectar con Él, hacer emprendimientos por Él y con Él.

3. Dios no juega

El tercer concepto básico reconoce que Dios no juega.

Nunca quiere lidiar con falsas promesas, pecados o prioridades fuera de lugar. Te conoce de principio a fin.

Dios no permite negociar. Cuando seguimos Sus caminos, vivimos una vida abundante, exitosa y bendecida.

Para aplicar esto en términos prácticos de emprendimientos, mira en tu corazón y recuerda el sueño de negocios más profundo. Reflexiona en todo lo que esperaríamos hacer al abrir un negocio. Hay cientos de detalles logísticos que deben decidirse antes de que se abran las puertas.

Siempre es prudente recibir consejos del Creador de todos, un Dios que tiene experiencia y cumple promesas. En este tercer concepto básico, habrás adquirido el poder de tu entorno.

4. Tu confianza en él

Para completar la ecuación para y ser una emprendedora exitosa, el último concepto básico es tu confianza en Él.

Tu confianza requiere que creas en Él y lo sigas. Al creer en Sus promesas, podrás seguir Sus prácticas comerciales, y tu alma creará un vínculo de confianza.

Así dice el Señor: Maldito es el hombre que confía en el hombre y hace de la carne su fuerza, cuyo corazón se aparta del Señor. Porque será como un arbusto en el desierto, y no verá cuando llegue el bien, sino que habitará los lugares secos en el desierto, en una tierra salada que no está habitada.

(Jeremías 17:5-6 NKJV)

Lamentablemente, a medida que surgen problemas, se deposita más confianza en los sistemas y tecnologías de la sociedad que en Dios, y eso conduce a la decepción y la pérdida de finanzas, familia, amigos e incluso el propio emprendimiento. Confiar significa creer y confiar en Él, independientemente de las situaciones que surjan, desde el punto de vista empresarial o personal.

No podemos decir que creemos en Dios, pero nos negamos a aceptar y abrazar sus principios que traerán cambio y reforma.

La Biblia dice: "¿Hay algo demasiado difícil para el Señor?" No hay límite a lo que Dios puede y hará si te atreves a creer en Él.

Dale a Dios tu confianza y fe incondicionales para trabajar con Él.

Al centrarnos en todos los conceptos básicos de hacer emprendimientos a la manera de Dios, y reunirlos, echemos un vistazo a 1 Corintios 1:27.

Pero Dios ha elegido las cosas insensatas del mundo para avergonzar a los sabios, y Dios ha elegido las cosas débiles del mundo para avergonzar a las cosas que son poderosas.

(1 Corintios 1:27 NKJV)

Esto significa que la forma en que Dios hace las cosas sonará totalmente extraña para todas nosotras porque Sus caminos son opuestos a nuestros enfoques terrenales. Dado que la mayoría de nosotras crecimos en el sistema empresarial común, su enfoque suena diferente de lo que se nos han enseñado y hemos observado.

Hay dos principios básicos para ser una mujer emprendedora exitosa a la manera de Dios:

1. No debemos descuidar a la familia por los emprendimientos.

El primer principio nos dice que no debemos descuidar a la familia por los emprendimientos.

Con este principio necesitamos definir la palabra "familia". La familia es una unidad social básica compuesta por padres y sus hijos, considerados como un grupo, ya sea que vivan juntos o no: la familia tradicional".

En la sociedad moderna actual, la familia ha experimentado transformaciones significativas en su estructura. La familia es una unidad social y puede describirse como "nuclear" si reside en el mismo hogar.

Dios quiere impartir sobre nosotras una comprensión clara de Su autoridad y Su plan para nosotras. Eligió revelarse a Sí mismo y el propósito claro de Su voluntad en nuestra alma.

Habiendo dado a conocer a nosotros el misterio de Su voluntad, de acuerdo con Su buen parecer, que Él tenía en Sí mismo.

(Efesios 1:9, NKJV)

Por medio de Jesús, el Verbo hizo carne; tenemos acceso al Padre y podemos compartir la naturaleza divina del Espíritu Santo. Por medio de esta revelación, por lo tanto, Dios de la abundancia de Su amor habla a los hombres como amigos (Juan 15:14-15) y vive entre ellos, para invitarlos y llevarlos en comunión consigo mismo.

Con esta revelación, entonces, la verdad más profunda acerca de Dios y la salvación del hombre brilla por nosotros mismos en Jesús, que ambos son el mediador y la plenitud de toda revelación.

La estructura tradicional de una familia es crucial para otras leyes universales, principios de piedra angular humana y enseñanzas en la Biblia. También es importante entender lo que Dios quiere de nosotras para glorificarlo a Él, y no a la familia.

A medida que lo glorifiques y le ofrezcas todo lo que hagas, te derramará bendiciones para que se desborden y pasen a tu familia y a las generaciones futuras.

Este es un dicho fiel: Si un hombre desea la posición de un obispo, desea un buen trabajo. Un obispo entonces debe ser intachable, el esposo de una esposa, templado, sobrio, de buen comportamiento, hospitalario, capaz de enseñar; no se da al vino, no es violento, no es codicioso por el dinero, sino suave, no combativo, no codicioso; uno que gobierna bien su propia casa, teniendo a sus hijos en sumisión con toda reverencia.

(1 Timoteo 3:1-4 NKJV)

1 Timoteo 3:1-4 se aplica directamente a las mujeres emprendedoras que quieren hacer emprendimientos a la manera de Dios, porque somos supervisoras de las obras de Dios en los negocios en esta Tierra.

Si Dios te ha dado la visión de iniciar o expandir un emprendimiento, el negocio que empiezas es Su trabajo, y tú eres la supervisora, o como lo llamamos en el mundo de los emprendimientos, la “Directora Ejecutiva”.

Si descuidas a tu familia en el tiempo, el espacio y el apoyo, tu vida no tendrá éxito.

2. Recuerda no trabajar para ser rica

El segundo principio para ser una emprendedora exitosa a la manera de Dios es recordar no trabajar para ser rica en los negocios.

Entonces, ¿cómo lo hacemos?

No trabajes demasiado para ser rico; ¡Por tu propio entendimiento, cesa!

(Proverbios 23:4 NKJV)

¿Cómo, propietaria de un emprendimiento nuevo, puedes tener éxito sin trabajar duro? Bueno, veamos primero la definición de trabajar.

Se define como el trabajo físico, mental y espiritual que te causa fatiga y frustración extremas.

En lo que quiero que te concentres es en la fatiga y la frustración. Cuando se trabaja de acuerdo con esta definición (y el uso de esta palabra en Proverbios 23:4), la producción de ese trabajo viene al precio de la fatiga y la frustración. Nos hace sentir devastadas, como si nunca viéramos la luz al final del túnel.

Mientras trabajamos en nuestro nuevo emprendimiento para tener éxito, según Proverbios 23:4, nos apoyamos en nuestro libre albedrío y ego en lugar de en la sabiduría de Dios.

Sin embargo, si estás conectada con Dios, el Espíritu Santo que vive dentro de ti te dirigirá y te guiará para enfocarte, ver el éxito y la prosperidad con propósito.

A medida que confías cada día más en Dios para guiarte en tu emprendimiento, declara audazmente Su palabra, medita en Sus promesas, escúchalo, espera acontecimientos naturales y sobrenaturales en tu vida, y ponlo en primer lugar porque tu emprendimiento debe ser hecho por Su voluntad.

En tu oración, sé audaz con Dios y confiesa con tu boca, alma y mente que sabes que con Él todas las cosas son posibles. Dile todos los días que eliges mantenerte firme en la fe, que confías en Él, y eliges recibir todas las bendiciones que Él tiene para ti.

¡Bendito sea! En el nombre de Su hijo Jesús, estás pidiendo, estás esperando y agradeciéndole porque estás recibiendo. ¡Amén!

8

Crea redes de alianza

8

Crea redes de alianza

La unión hace la fuerza.

Yo he seguido a muchas mujeres de éxito y te puedo asegurar que no han llegado solas a donde están.

Es normal cuando empiezas un emprendimiento que te dediques a tu idea o proyecto tu sola, a no ser que tengas a alguien con quien compartir este viaje. Entonces ¡fantástico! Ya que dos cabezas piensan más que una, pero lo normal es que una mujer emprendedora comienza sola. En este caso el camino se hace mucho más pesado y lo digo por experiencia.

Yo siempre he sentido la necesidad de unirme a alguien para llevar a cabo mis proyectos, porque sola todo lo tendrás que hacer tú, todas las decisiones importantes recaen en ti y no tendrás oportunidad de que otros evalúen objetivamente si realmente es una gran opción.

Es fundamental que te rodees de mentores y colaboradores para vivir otro tipo de experiencias. Estas suelen ser más enriquecedoras, y el trabajo no resulta tan pesado. Seguro que hay personas a la que ya has identificado y les puede solicitar ayuda para comenzar tu emprendimiento. Además, hoy en día, gracias al internet, tienes todo un mundo lleno de posibilidades; por ejemplo, a través de las redes sociales.

Hay que crear redes de alianzas.

En el mundo de los emprendimientos es muy útil tener contactos, identificar aquellas personas que ya han conseguido lo que tú quieres y que te pueden mentorear.

Son personas con quien podrías asociarte para hacer proyectos puntuales que quizás tienen un mismo marco objetivo y la idea es que ambas partes salgan ganando gracias a un acuerdo que les beneficie a ambos.

Hemos llegado al final de la formación de cómo ser **MUJERES QUE DEJAN HUELLAS... EMPRENDEDORAS.**

En todo este viaje he descubierto las técnicas y estrategias que utilizan las grandes, las exitosas, las empresarias que han dejado un verdadero legado y, si tú quieres ser como ellas, tienes que poner en práctica todo lo aprendido.

Pero si crees que esto no está hecho para ti, que encuentras que los emprendimientos no tienen nada que ver con nuestro ser interior, entonces solo puedo decirte:

¿Realmente quieres tener un emprendimiento?

Para finalizar este libro, quiero darte las 3 claves más importantes para tener un emprendimiento de éxito:

1. Todo gran EMPRENDIMIENTO coloca a Dios en primer lugar.

2. Todo emprendimiento empezó como una pequeña idea.

3. Toda emprendedora debe conocerse de manera honesta.

Ya no tienes excusas para no poner tus manos a la obra y crear el emprendimiento de tus sueños.

Solo me queda decirte que si realizas las cosas tal y como te he expuesto en este libro estarás más cerca de conquistar tus sueños. Quizás las cosas no ocurran tal y como tú esperas, pero eso no debe limitarte, sino impulsarte.

El éxito lo llevas dentro únicamente tienes que aprender a dejarlo salir.

Y no dejes nunca de invertir en ti para ser mejor, y en tu formación profesional. Recuerda que el mundo avanza, y tú debes continuar preparándote.

A nivel mundial estamos pasando momentos complicados; pero si OTRAS pueden, tú también. Solo es cuestión de FE, CONFIANZA, mucha PASIÓN y grandes dosis de PERSEVERANCIA.

Este libro será tu guía para el primer paso de tu emprendimiento que es encontrar la mujer emprendedora que habita en ti. Llévalo siempre contigo cuando decidas emprender algo nuevo, reléelo cuando no consigas los resultados que deseas y compártelo con quien creas lo pueden necesitar.

En la vida existen dos formas de hacer las cosas:

DE LA FORMA COMPLICADA o DE LA FORMA SENCILLA.

A través de este libro pretendo que tú hagas las cosas de la forma sencilla, dándote los pasos necesarios para que consigas conquistar tu éxito, tu emprendimiento, tu vida y tus sueños.

Te agradecería que pasaras por la página de Facebook **ER ByEvylegna Rodríguez,** que sigas mi página, y le des al botón de **ME GUSTA.** También agradecería que compartieras allí mismo lo que has aprendido de este libro. Si tienes alguna duda o pregunta házmelo saber a través de esta misma página o en nuestro correo electrónico evylegnarodriguez@outlook.com. Espero tus mensajes y testimonios.

Además, te animo a mantenerte al día y ayudarte a conquistar tus sueños para eso suscríbete a mi boletín en www.evylegnarodriguez.com

Así también recibirás información sobre mis capacitaciones, novedades y eventos.

¿Me ayudas a aportar un granito de arena a la vida de otras mujeres?

¿Te has dado cuenta de lo difícil que nos resulta pedir ayuda?

Se nos ha enseñado desde niñas que pedir es de mala educación, que las cosas no se piden, sino que te las dan. Sin embargo, los niños no atiendan normas morales de los adultos, y cuando quieren o necesitan algo, lo piden o lo cogen. Ellos si se sienten abundantes.

Con el tiempo te das cuenta de que si no aprendes a pedir ayuda cuando la necesitas parece que solo puedas comprarla. Pero yo soy la primera que si alguien me pide algo intento ayudar si está de mi mano, porque este acto me hace sentir plena. De manera que, si yo me siento feliz ayudando a alguien que lo necesita, entonces si pido la ayuda a otras, estas si me la quieren prestar también pueden sentirse felices haciéndolo ¿verdad?

De manera que hoy quiero pedirte ayuda para expandir mi mensaje.

Hace mucho rompí en mí esa barrera mental de no pedir ayuda y hoy quiero pedirte ayuda a ti.

Tengo un sueño: Inspirar a todas aquellas mujeres que deseen desarrollar su emprendimiento y convertirse en **MUJERES QUE DEJAN HUELLAS.**

Sé que este libro puede marcar un antes y un después en la vida de muchas mujeres. Existen muchas mujeres que están pasando por algo similar a lo que yo viví con mi emprendimiento en su momento. Conozco a muchas mujeres que llegan a mí con las mismas historias que tuve. Sé que este libro puede ayudar a muchas mujeres. Pero yo no puedo llegar a todo el mundo.

Por esa razón, te pido que me ayudes a expandir el libro. Si consideras que este libro puede ayudar a alguien que tú conoces, si te ha gustado, si crees que puedes ayudar a inspirar a tus seres queridos y amigas con este libro ¡Compártelo!

Y ya sabes: ¡Lo que das, recibes y vuelve a ti multiplicado! Y estoy hablando de AMOR.

Puedes compartir el libro como mejor te sientas inspirada, sea en persona o a través de las redes sociales. Solo si te sientes bien al hacerlo, por supuesto. Pero sabiendo que estás colaborando con una gran causa. Tanto si decides compartirlo, como si no, te agradezco enormemente y de corazón que hayas invertido en este libro y sobre todo que hayas llegado hasta el final. Sin embargo, esto no es una despedida, simplemente un hasta pronto, porque me encantaría conocerte sea en algún evento presencial u online por las redes o por correo electrónico, siempre procuro responder a todos los mensajes que me llegan.

Sé que no es casualidad que este libro haya estado en tus manos. Nada ocurre por casualidad, ya lo hemos estado viendo, la vida nos trae mensajes, solamente hay que saber reconocerlos, y quizás hay algo en ti que debes trabajar o aprender y este libro era necesario. Tampoco es casualidad que nosotras hayamos entablado una relación a través de este medio. ¡Dios siempre tiene un plan!

Espero conocerte pronto,
Evylegna Rodríguez